KUCHNIA
NA PEŁNEJ PETARDZIE

D1718655

PATRYK GALEWSKI

KUCHNIA
NA PEŁNEJ PETARDZIE

SPIS TREŚCI

WSTĘP

Bywa, że człowiek spotyka na swojej drodze innego człowieka, który zmienia całe jego życie. Ja miałem to szczęście. Na mojej drodze pojawił się bowiem Jan Kaczkowski, niezwykły ksiądz, świetny nauczyciel, założyciel Puckiego Hospicjum, w którym, sam ciężko chory, poświęcił życie opiece nad chorymi i umierającymi.

Poznałem Johnny'ego – tak na niego mówiliśmy – w pewnym sensie za karę. Trafiłem do hospicjum wyrokiem sądu, który zdecydował, że muszę popracować przez jakiś czas na cele społeczne. Powiem szczerze: gdyby nie ksiądz Kaczkowski, pewnie nigdy nie wyszedłbym na prostą.

Dziś mam wspaniałą żonę, trójkę dzieciaków i pracę, którą kocham. To właśnie Johnny, kiedy się zorientował, że lubię gotować, namówił mnie, żebym został kucharzem. Dał mi drugą szansę.

Po wielu latach od tamtego czasu powstał film „Johnny". Jestem w nim narratorem – czy może powinienem powiedzieć, że jest nim Piotrek Trojan, który gra moją rolę? Książka, którą właśnie otworzyliście, powstała już po zakończeniu zdjęć. To nie tylko zwykły zbiór przepisów kulinarnych, to także bardzo osobista opowieść o mnie. Znajdziecie w niej potrawy związane z kolejnymi etapami mojego życia i miejscem, gdzie się urodziłem i dorastałem.

Zapytacie, czy można opowiedzieć swoją historię przez smaki i zapachy. Przez coś tak prozaicznego, jak jedzenie? Można. Taki jest język kucharzy.

ROZDZIAŁ 1

DOM. COŚ Z NICZEGO

—

Szacunek do jedzenia to podstawa. Każdy składnik daje mnóstwo możliwości, wystarczy tylko je poznać i umiejętnie wykorzystać. Wyobraźcie sobie, że macie całego kurczaka. Wiadomo, co zrobić z piersią czy udkiem, ale ja nauczę was, jak wykorzystać wszystkie inne części, także szkielet czy podroby. Przygotowany „przy okazji" wywar drobiowy możecie przecież zamrozić, jeśli nie potrzebujecie go od razu. „Nie mam co do garnka włożyć"? Kucharz z wyobraźnią nigdy tak nie powie!

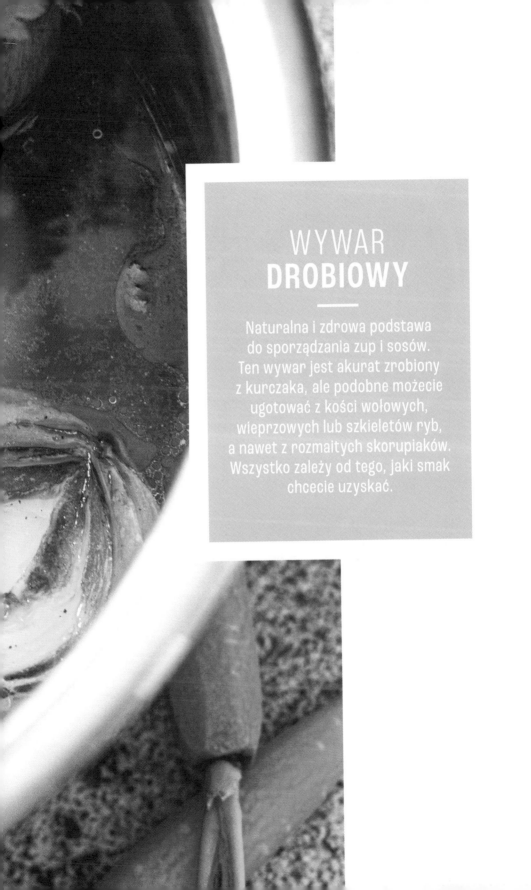

WYWAR
DROBIOWY

—

Naturalna i zdrowa podstawa
do sporządzania zup i sosów.
Ten wywar jest akurat zrobiony
z kurczaka, ale podobne możecie
ugotować z kości wołowych,
wieprzowych lub szkieletów ryb,
a nawet z rozmaitych skorupiaków.
Wszystko zależy od tego, jaki smak
chcecie uzyskać.

SKŁADNIKI

2 szkielety z kurczaka (proponuję zaopatrzyć się
w całe kurczaki i samodzielnie je poporcjować,
wyporcjowane elementy przydadzą się w przygotowaniu kolejnych dań)
1 kg skrzydełek z kurczaka
3 cebule przekrojone na pół
4 marchewki obrane, w całości
2 pietruszki obrane, w całości
1 seler obrany, w całości
2 listki laurowe
4 ziarna ziela angielskiego
olej rzepakowy do smarowania

(W zasadzie możemy dodać jeszcze inne warzywa, jakie znajdziemy w lodówce. Pamiętajmy jednak, że każdy dodatkowy składnik zmieni smak
wywaru. Na to również przyjdzie czas).

PRZYGOTOWANIE

Wszystkie składniki poza listkami laurowymi i zielem angielskim
delikatnie smarujemy olejem rzepakowym, rozkładamy na blasze
wyścielonej papierem do pieczenia, wkładamy do piekarnika
rozgrzanego do 220 stopni i pieczemy około 20 minut – powinny
się mocno przypiec, ma to bowiem wpływ na kolor wywaru: im
mocniej przypieczone, tym będzie ciemniejszy. Upieczone składniki
przekładamy do garnka, dodajemy listki laurowe i ziele angielskie,
zalewamy zimną wodą. Gotujemy na małym ogniu około 5 godzin,
co jakiś czas uzupełniając wodę, tak aby wszystkie składniki
w garnku były przykryte. Następnie zwiększamy ogień i gotujemy,
aż wywar zredukuje się o połowę, potem cedzimy przez drobne sito
lub gazę. Wywar, gdy wystygnie, zmieni się w aromatyczną galaretę.
Możemy ją podzielić na mniejsze porcje i zawekować lub zamrozić
do późniejszego wykorzystania.

SOCZYSTA PIERŚ **KURCZAKA** ZE SKÓRĄ

sos drobiowy / glazurowane warzywa

SKŁADNIKI

Pierś kurczaka

4 filety z kurczaka ze skórą
1 ząbek czosnku drobno posiekanego
po szczypcie soli i pieprzu
1 gałązka rozmarynu, igiełki drobno posiekane
6 łyżek oleju rzepakowego
do smarowania i smażenia

Sos drobiowy

1/2 małej cebuli pokrojonej w drobną kostkę
po szczypcie soli i pieprzu
2 łyżki zimnego masła
4 łyżki wcześniej przyrządzonego wywaru
drobiowego (patrz przepis; jeśli nie mamy,
może być zasmażka 1. stopnia*)

Glazurowane warzywa

1/2 małej cebuli obranej i pokrojonej
w cienkie piórka
2 marchewki obrane i pokrojone
w cienkie paski
1 pietruszka obrana i pokrojona
w cienkie paski
1/4 selera obranego
i pokrojonego w cienkie paski
4 ziemniaki ugotowane w mundurkach
(powinny być jeszcze trochę twarde)
1 ząbek czosnku drobno posiekany
1 zielona część pora
2 łyżki zimnego masła
po szczypcie soli i pieprzu

*ZASMAŻKA 1. STOPNIA (JEŚLI NIE MAMY WYWARU DROBIOWEGO):

2 łyżki masła; 1 łyżka mąki; 8 łyżek wody
sól, pieprz, cukier do smaku
Na patelnię po smażeniu warzyw wrzucamy cebulę, wsypujemy mąkę, dodajemy
masło. Zasmażamy do chwili, kiedy mąka zacznie się rumienić. Wtedy wlewamy
wodę, energicznie mieszając; doprawiamy solą, pieprzem i cukrem.

PRZYGOTOWANIE

Przyrządzamy kurczaka: filety solimy i pieprzymy. Robimy prostą marynatę z 4 łyżek oleju, czosnku i rozmarynu, zalewamy filety, wstawiamy na co najmniej 4 godziny (a najlepiej na noc) do lodówki. Na patelni rozgrzewamy trochę oleju, kładziemy piersi kurczaka skórą do dołu, smażymy na piękny rudy kolor (ulubiony kolor mojej żony!). Upieczone od strony skórki mięso przekładamy na blachę wyścieloną papierem do pieczenia. Wkładamy do gorącego piekarnika, pieczemy 20 minut w 180 stopniach.

Przyrządzamy warzywa: na patelnię po smażeniu kurczaka (zostało na niej dużo smaku) wrzucamy: ziemniaki (stroną przecięcia do dołu), cebulę, marchew, seler, pietruszkę, por – karmelizujemy wszystko znowu na rudo. Wlewamy 10 łyżek wody i dusimy, aż warzywa będą „na ząb", czyli lekko twardawe. Dodajemy masło i czosnek, przyprawiamy do smaku. Tak przygotowane warzywa wkładamy jeszcze na moment do piekarnika, w którym dochodzą piersi kurczaka. Patelni nie myjemy – delikatnie zeskrobujemy wszystko, co przywarło do spodu (jest najlepsze!), dorzucamy cebulkę, smażymy, aż będzie szklista. Dodajemy wywar drobiowy i gotujemy około 5 minut (część płynu powinna odparować). Zdejmujemy patelnię z ognia i dodajemy zimne masło, energicznie mieszając. Dzięki dodatkowi masła sos nabierze aksamitnej, zwięzłej konsystencji.

Wszystkie elementy dania układamy na talerzu. I proszę: warzywa dodatkowo skropcie aromatycznym sosem, który wypłynął z kurczaka podczas pieczenia. To jest magia...

ROLADKI Z **KURCZAKA** NADZIEWANE FARSZEM ZIEMNIACZANYM

mus z marchewki / pieczone
jabłka z majerankiem

SKŁADNIKI

Roladki

2 filety z kurczaka
4 ugotowane ziemniaki
pokrojone w kostkę
2 łyżki wędzonego boczku
pokrojonego w kostkę
1 cebula pokrojona
w drobną kostkę
1 łyżka posiekanej natki
pietruszki
1 łyżka posiekanego
koperku
1 ząbek czosnku
olej rzepakowy
do smażenia
sól i pieprz do smaku
mąka krupczatka
do oprószenia mięsa

Mus z marchewki

2 marchewki pokrojone
w kostkę
2 ziemniaki pokrojone
w kostkę
1 l wody
1 jabłko pokrojone
w kostkę
1/2 cebuli obranej
i pokrojonej w kostkę
sól, pieprz, cukier
odrobina oleju do smażenia

Pieczone jabłka
z majerankiem

2 jabłka przekrojone na pół
szczypta majeranku

PRZYGOTOWANIE

Zaczniemy trochę nietypowo – od przygotowania dodatków, zrobienie purée z marchewki zajmuje bowiem najwięcej czasu. Rozgrzewamy olej w garnku, wrzucamy marchewki, ziemniaki, jabłko i cebulę, karmelizujemy na mój ulubiony, rudy (oczywiście!) kolor. Zalewamy wodą i gotujemy na małym ogniu, często mieszając, aż powstanie bardzo gęsta papka. Teraz zadanie wymagające cierpliwości: przecieramy ją przez bardzo drobne sito lub idziemy na łatwiznę, używając blendera. Doprawiamy.

Przyrządzamy roladki: każdą pierś kurczaka układamy płasko na desce i przecinamy wzdłuż na pół, dzięki czemu otrzymujemy 4 filety. Rozbijamy je do grubości około 3 mm, starając się, aby ta krawędź, która będzie kończyła roladkę, była rozklepana bardzo płasko, inaczej po wysmażeniu wszystko się rozwinie (przecież nie będziemy używać nitki do wiązania!). Mięso solimy i pieprzymy, odkładamy na chwilę, aby przygotować nadzienie. Boczek wrzucamy na mocno rozgrzaną patelnię, wytapiamy tłuszcz na małym ogniu, dorzucamy cebulę i ziemniaki. Smażymy dosłownie chwilę, tak aby smaki się połączyły. Podsmażone ziemniaki przekładamy do miski i ugniatamy, dodajemy zioła oraz przyprawy do smaku. Dzielimy farsz na równe 4 części, rozkładamy na filetach i rolujemy. I teraz najważniejsze: roladki delikatnie oprószamy mąką i smażymy na piękny kolor (wiecie jaki).

Zabieramy się do jabłek: połówki owoców wkładamy na patelnię, smażymy jeszcze przez chwilę, posypujemy majerankiem. Roladki i jabłka przekładamy na blachę wyścieloną papierem do pieczenia, podlewając wszystko smakiem, który zebrał się na patelni. Pieczemy 20 minut w piekarniku rozgrzanym do 180 stopni. Przekładamy na talerze, dodajemy purée z marchewki i skrapiamy sosem wytworzonym podczas pieczenia.

ZAPIEKANE **WĄTRÓBKI** DROBIOWE POD CZOSNKOWYM BESZAMELEM

ciepła sałatka
z pomarańczy i jabłek

SKŁADNIKI

Wątróbki
800 g kurzych wątróbek
2 cebule obrane
i pokrojone w piórka
1 ząbek czosnku obrany
i posiekany
6 ziemniaków ugotowanych
w mundurkach, lekko
twardych, pokrojonych
w dużą kostkę
1 łyżka posiekanej
natki pietruszki
2 łyżki rodzynek
1 łyżka masła
mąka krupczatka
do oprószenia wątróbek
olej rzepakowy do smażenia
sól i pieprz

Czosnkowy beszamel
2 łyżki mąki pszennej
1 szklanka (300 ml)
ciepłego mleka
1/2 cebuli pokrojonej
w drobną kostkę
1 ząbek czosnku
sól i pieprz

Ciepła sałatka
z pomarańczy i jabłek
2 jabłka pokrojone
w cząstki
2 pomarańcze
1 łyżka masła
1 mały ząbek czosnku
sól, cukier, pieprz,
cynamon, majeranek

PRZYGOTOWANIE

Wątróbki delikatnie obsypujemy mąką. Na patelni rozgrzewamy trochę oleju rzepakowego, kładziemy mięso, obsmażamy szybko z każdej strony. Robimy to partiami, nie wrzucamy wszystkich wątróbek naraz – każdy kawałek musi mieć swobodę na patelni. Zdejmujemy je, a na tę samą patelnię wrzucamy cebulę, ziemniaki oraz rodzynki i smażymy dosłownie przez chwilę. Dodajemy pietruszkę i masło, doprawiamy solą i pieprzem, mieszamy z podsmażoną wątróbką; odstawiamy na moment.

Rozgrzewamy piekarnik do 180 stopni i zaczynamy robić beszamel. W garnuszku rozpuszczamy masło, wrzucamy cebulę, dodajemy mąkę i energicznie mieszamy rózgą. Kiedy mąka trochę się zrumieni, dolewamy ciepłe mleko, bardzo szybko mieszając (jeśli mleko będzie zimne, powstaną twarde grudki trudne do rozmieszania) aż do osiągnięcia konsystencji gęstego budyniu. Na koniec wrzucamy czosnek, doprawiamy do smaku solą i pieprzem. Robimy papiloty: z czterech arkuszy papieru do pieczenia zwijamy duże cukierki, zostawiając otwór na górze. Do środka nakładamy wątróbkę z dodatkami, przykrywamy warstwą beszamelu. Papiloty wkładamy do piekarnika na 20 minut, a w tym czasie przygotujemy sałatkę: pomarańcze sparzamy wrzątkiem, aby pozbyć się nieprzyjemnej goryczy, ścieramy skórkę na tarce o drobnych oczkach. Owoce filetujemy, a z resztek wyciskamy sok. Na patelni rozgrzewamy masło, smażymy jabłka, dodajemy fileciki z pomarańczy, czosnek, skórkę pomarańczową oraz sok. Dusimy przez chwilę, doprawiamy do smaku. Podajemy do wątróbek pod beszamelem.

PIEROGI
Z **SZARPANYM**
KURCZAKIEM

—

purée z pieczonej
pietruszki / słodka cebula

Ciasto na pierogi

300 g mąki pszennej
1 jajko + 1 żółtko (białko z tego jajka
dodamy do farszu)
40 g masła
100 ml gorącej wody
1 łyżeczka soli

Farsz do pierogów

4 bioderka z kurczaka
2 cebule obrane i pokrojone na ćwiartki
1 marchew obrana i pokrojona
na grube krążki
1 ząbek czosnku
1 łyżka posiekanej natki pietruszki
olej rzepakowy do posmarowania
kurczaka oraz warzyw
sól, pieprz, majeranek,
rozmaryn do smaku

Purée z pieczonej pietruszki

4 duże pietruszki obrane i pokrojone
w grube plastry
1 gruszka obrana i pokrojona
w dużą kostkę
1 cebula obrana i pokrojona na 4 części
100 ml mleka
olej rzepakowy do posmarowania warzyw
sól i pieprz do smaku

Słodka cebula

2 cebule przekrojone wzdłuż na pół
(należy oddzielić łódeczki)
1 płaska łyżeczka miodu lub cukru
2 łyżki masła
olej do smażenia
sól i pieprz do smaku

PRZYGOTOWANIE

Zaczynamy od kury, w końcu ona gra tu pierwsze skrzypce. Robimy farsz: kurze biodra wraz z resztą składników (poza natką pietruszki) nacieramy porządnie przyprawami i olejem, odstawiamy na co najmniej 3 godziny (wymieszane składniki nabiorą cudownego aromatu). Ustawiamy piekarnik na 180 stopni. Wykładamy mięso z warzywami na blachę wyścieloną papierem do pieczenia, pieczemy, aż warzywa zrobią się pięknie rude, dolewamy pół szklanki ciepłej wody, szczelnie przykrywamy folią aluminiową, zmniejszamy temperaturę do 160 stopni i pieczemy 80 minut.

Robimy purée: smarujemy pietruszki, cebulę i gruszkę olejem, pieczemy jak kurczaka, tylko krócej o 20 minut.

Upieczonego kurczaka obieramy z chrząstek i kości. Mięso wraz z upieczonymi warzywami bardzo drobno siekamy, następnie dodajmy natkę pietruszki, odłożone białko i przyprawy do smaku. Studzimy.

Upieczone pietruszki, gruszkę i cebulę wkładamy do garnka, wlewamy mleko i gotujemy, aż powstanie gęsta papka. Przecieramy przez drobne sito lub blendujemy; doprawiamy solą i pieprzem.

Robimy ciasto. Mąkę wysypujemy na blat, dodajemy gorącą posoloną wodę (wysoka temperatura wody zaparzy mąkę, dzięki czemu ciasto będzie delikatne i mniej kleiste). Wlewamy roztrzepane jajka, wyrabiamy kilka minut, na samym końcu dodajemy rozpuszczone masło i wyrabiamy jeszcze parę chwil. Ciasto wałkujemy – ja lubię grubo – wycinamy pierogi, nadziewamy je farszem, sklejamy i wrzucamy do wrzącej osolonej wody. Gotujemy 7 minut od chwili, kiedy wypłyną.

Robimy cebulę na słodko: cebulowe łódeczki wrzucamy na patelnię na odrobinę gorącego oleju. Solimy. Gdy się ładnie przyrumienią, dodajemy masło i miód, dusimy na małym ogniu do miękkości. Zdejmujemy i odkładamy, a na tej samej patelni podsmażamy pierogi. Podajemy je z purée pietruszkowym i słodką cebulą.

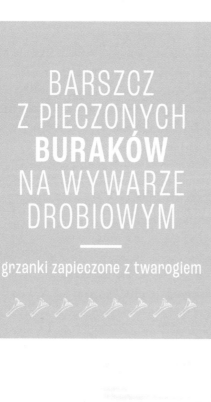

BARSZCZ
Z PIECZONYCH
BURAKÓW
NA WYWARZE
DROBIOWYM

grzanki zapieczone z twarogiem

SKŁADNIKI

Wywar drobiowy

2 szkielety z kurczaka
8 skrzydełek z kurczaka
2 l zimnej wody
3 cebule w łupinie przekrojone na pół
3 liście laurowe
8 ziarenek czarnego pieprzu
olej rzepakowy
zielony bukiet z całych łodyżek natki
pietruszki, koperku i zielonej części pora

Barszcz z pieczonych buraków

1 kg buraków wyszorowanych, w skórkach
5 łyżek octu
2 łyżki miodu lub cukru
4 ziemniaki obrane i pokrojone w kostkę
2 marchewki obrane i pokrojone w kostkę
1 cebula obrana i pokrojona w kostkę
1/2 selera obranego i pokrojonego w kostkę
1 jabłko obrane i pokrojone w kostkę
2 pietruszki obrane i pokrojone w kostkę
2 ząbki czosnku obrane i drobno posiekane
olej rzepakowy do smażenia
sól, pieprz do smaku

Grzanki zapieczone z twarogiem

4 kromki chleba (najlepiej żytniego)
2 łyżki masła
1 łyżka posiekanego koperku
1/2 ząbka czosnku obranego
4 łyżki tłustego twarogu

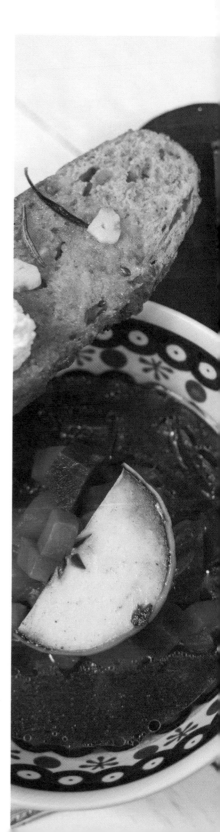

PRZYGOTOWANIE

Najważniejszy jest wywar i to od niego zaczynamy. Piekarnik ustawiamy na 180 stopni. Wszystkie elementy kurczaka oraz cebulę delikatnie smarujemy olejem rzepakowym i wykładamy na blachę wyścieloną papierem do pieczenia. Pieczemy, aż się mocno przyrumienią, wkładamy do garnka, dodajemy pozostałe składniki wywaru i gotujemy na małym ogniu około 3 godzin. W trakcie gotowania znacząco zmniejszy się nam ilość wody, więc musimy na bieżąco ją uzupełniać. Po nastawieniu wywaru zabieramy się do buraków. Zmniejszamy temperaturę piekarnika do 140 stopni i pieczemy je w skórce również około 3 godzin (powinny być lekko twarde). Obieramy, ale skórek nie wyrzucamy.

Cedzimy wywar drobiowy przez drobne sito lub gazę. Na patelni na małej ilości oleju podsmażamy kolejno pokrojone warzywa i dodajemy je do wywaru. Buraki kroimy w kostkę i również dorzucamy do garnka. Skórki z buraków wkładamy do wąskiego, wysokiego naczynia, np. słoika, dodajemy miód, ocet i stanowczo ugniatamy – powstanie szybki, intensywny w smaku zakwas, który podkreśli charakter naszej zupy. W momencie, kiedy warzywa w zupie będą ugotowane „na ząb", dodajemy posiekany czosnek, zakwas buraczany; na koniec doprawiamy solą i pieprzem. Ilość zakwasu dozujemy według własnego uznania. U nas, na Kaszubach, lubimy, żeby było słodko-kwaśno.

Z masła, koperku i czosnku robimy pastę, smarujemy kromki chleba, na wierzch dajemy twaróg i zapiekamy na złoty kolor.

KREM Z **BIAŁYCH** WARZYW

chleb z jajem sadzonym i sezamem

SKŁADNIKI

Krem z białych warzyw
2 l wywaru drobiowego
(patrz poprzedni przepis)
4 pietruszki obrane
i pokrojone w kostkę
1/2 selera obranego
i pokrojonego w kostkę
6 ziemniaków obranych
i pokrojonych w kostkę
2 cebule obrane
i pokrojone w kostkę
1/2 kalafiora podzielonego
na małe różyczki
1 ząbek czosnku obrany
i posiekany
olej rzepakowy do smażenia
sól, pieprz
(mile widziany biały), gałka
muszkatołowa, kminek

**Chleb z jajem sadzonym
i sezamem** (podane
składniki wystarczą na
jedną grzankę)
1 kromka chleba
2 jajka (jedno do moczenia,
drugie na sadzone)
1 łyżeczka sezamu
1 łyżeczka posiekanego
szczypiorku
1 łyżka masła
sól, pieprz do smaku

PRZYGOTOWANIE

Na rozgrzanym oleju podsmażamy wszystkie pokrojone białe warzywa (oprócz czosnku, doprawiamy również na samym końcu). Podsmażone warzywa wkładamy do wywaru i gotujemy, aż będą bardzo miękkie. Zupa powinna być subtelnie gładka, więc po ugotowaniu musimy ją bardzo starannie przetrzeć przez drobne sito lub użyć dobrego blendera. Krem doprawiamy czosnkiem i przyprawami.

Robimy grzanki: chleb moczymy w roztrzepanym jajku, obsypujemy białym sezamem i smażymy na patelni na maśle; obok wbijamy drugie jajko i smażymy sadzone. Posypujemy świeżo pokrojonym szczypiorkiem.

ŚLEDŹ
W **POMIDORACH**
I WARZYWACH
KORZENIOWYCH

SKŁADNIKI

12 świeżych śledzi w całości
2 marchewki obrane
i pokrojone w paski
2 pietruszki obrane
i pokrojone w paski
1 cebula czerwona obrana
i pokrojona w piórka
1/4 selera obranego
4-cm kawałek pora
pokrojony w paski
1 puszka (400 g)
pomidorów
2 łyżki koncentratu
pomidorowego
1 łyżka octu
1 łyżka marynowanej
gorczycy lub musztardy
francuskiej
1 łyżka miodu lub cukru
1 łyżka posiekanej natki
pietruszki
2 ząbki czosnku obrane
i drobno posiekane
mąka krupczatka
do oprószenia śledzi
olej rzepakowy
do smażenia
sól, pieprz, cynamon,
kminek, mielone ziele
angielskie, rozmaryn

ŚLEDŹ DO WSZYSTKIEGO

Ryby, odkąd pamiętam, zawsze były obecne w moim życiu – chyba nie da się inaczej, jeśli człowiek mieszka nad morzem. Śledź, flądra, dorsz... Raz w życiu udało mi się złowić na wędkę węgorza, ale o nim później. Teraz czas na śledzie! Moim zdaniem świetnie się zgadzają z różnymi dodatkami – od tych bardzo słodkich, przez ekstremalnie kwaśne, aż po wręcz gorzkie. Śledź popłynie ze wszystkim i wszędzie.

PRZYGOTOWANIE

Zacznijmy od filetowania. Ryba musi stabilnie leżeć na blacie lub desce (warto podłożyć pod nią ręcznik papierowy). Uda się, jeśli macie naprawdę ostry nóż i będziecie pamiętać o kilku sprawach.

1. Naciskając wolną ręką głowę ryby (najlepiej przez papier), robimy nacięcie przy samej głowie, nie przecinając szkieletu.

2. Pewnym ruchem prowadzimy nóż w kierunku płetwy ogonowej (ostrze musi być delikatnie skierowane w stronę głównego szkieletu).

3. Obracamy rybę na drugą stronę i powtarzamy cały zabieg.

Filety osuszamy, solimy i pieprzymy, delikatnie obsypujemy mąką i smażymy na odrobinie oleju na dobrze rozgrzanej patelni (zawsze, ale to zawsze rozpoczynamy od strony skóry!). Smażymy dosłownie po 2 minuty z każdej strony, zdejmujemy. Na tej samej patelni podsmażamy na piękny rudy kolor pokrojone warzywa, dodajemy pomidory wraz z zalewą oraz koncentrat pomidorowy, przykrywamy patelnię i dusimy, aż warzywa będą „na ząb". Dodajemy pozostałe składniki oraz przyprawy. Usmażone filety przekładamy ciepłymi warzywami. Po wystygnięciu wstawiamy do lodówki na co najmniej 4 godziny – w tym czasie smak i aromat harmonijnie się połączą.

DOMOWA **DROŻDŻÓWKA** Z KARMELIZOWANĄ CEBULĄ I MAKIEM

sos czosnkowy

Ciasto (wszystkie składniki
powinny mieć temperaturę
co najmniej pokojową)
2 szklanki (około 330 g) mąki pszennej
75 g ciepłego stopionego masła
lub oleju rzepakowego
40 g świeżych drożdży
125 ml mleka
3 łyżki cukru
1 łyżeczka soli
1 łyżka suszonego tymianku
2 jajka
mąka do podsypywania ciasta
2 łyżki niebieskiego maku
1 jajko do smarowania drożdżówek

Karmelizowana cebula
4 cebule obrane i pokrojone w piórka
2 łyżki masła
1 goździk
1 łyżka miodu lub cukru
2 ząbki czosnku obrane
i drobno posiekane
sól i pieprz do smaku

Sos czosnkowy
1 szklanka gęstego jogurtu
1 cebula obrana i pokrojona
w drobną kostkę
1 łyżka masła do smażenia
1 ząbek czosnku przeciśnięty
przez praskę
1 łyżka posiekanego koperku
(jeśli to możliwe z kwiatami)
sok i skórka otarta
z 1/2 sparzonej cytryny
sól i pieprz do smaku

PRZYGOTOWANIE

Idealnie wyrośnięte ciasto drożdżowe to ogromne wyzwanie – postaram się wyjaśnić wszystko w kilku prostych słowach. Rozpoczynamy, podgrzewając w garnuszku mleko do temperatury nieco wyższej niż temperatura ciała, czyli około 40 stopni. Jako termometr świetnie posłuży nam palec. Do mleka dodajemy 5 łyżek mąki, następnie pokruszone drożdże oraz cukier. Delikatnie mieszamy, aż składniki się połączą. Przykrywamy ścierką i odstawiamy w ciepłe miejsce na mniej więcej 30 minut. W tym czasie robimy słodką cebulę. Rozgrzewamy masło na patelni, wrzucamy cebulę i goździk, smażymy na średnim ogniu, aż cebula się skarmelizuje i będzie miękka. Wtedy dodajemy miód i przyprawy, wyjmujemy goździk, cebulę zostawiamy na patelni.

Wracamy do ciasta. Do mąki dodajemy wyrośnięty rozczyn drożdżowy, roztrzepane jaja, tymianek oraz sól. Ciasto intensywnie wyrabiamy do momentu, aż przestanie się kleić do rąk; w razie potrzeby podsypujemy mąką. Dolewamy ciepłe stopione masło i jeszcze chwilkę wyrabiamy. Ciasto wykładamy na blat, kilka razy zagniatamy, podsypując mąką, następnie formujemy długi prostokąt (40 na 20 cm) o grubości około 2 cm. Nacinając prostokąt wzdłuż, wycinamy trójkąty o podstawie 2 cm. Na jednym z brzegów każdego drożdżowego trójkąta układamy jeszcze ciepłą karmelizowaną cebulę, następnie zwijamy ślimaki. Przykrywamy je ścierką i pozostawiamy na 2 godziny do wyrośnięcia. Rozgrzewamy piekarnik do 180 stopni, drożdżówki smarujemy roztrzepanym jajem i posypujemy makiem; pieczemy 20 minut.

Przygotowujemy kontrastujący smakowo sos czosnkowy: cebulkę szklimy na maśle, solimy, studzimy. Łączymy z pozostałymi składnikami – w takim sosie maczamy jeszcze ciepłe drożdżówki. Ech, brak słów...

CHAŁKA
Z KRUSZONKĄ

---

słodki dżem dyniowy

SKŁADNIKI

(na 2 duże chałki)

Ciasto (wszystkie składniki
powinny mieć temperaturę
co najmniej pokojową)
3 szklanki (około 500 g)
mąki pszennej
100 g ciepłego stopionego masła
lub oleju rzepakowego
50 g świeżych drożdży
125 g cukru
1 szklanka (300 ml) mleka
1 łyżeczka soli
sok i skórka otarta z 1 sparzonej
cytryny (sok dodamy do dżemu)
3 jajka + 1 jajko do smarowania

Kruszonka

1 szklanka mąki pszennej
1/2 szklanki cukru pudru
75 g zimnego masła
szczypta soli
szczypta cynamonu

Dżem

1 mała dynia (500 g) obrana,
miąższ pokrojony w kostkę
4 pomarańcze sparzone
(należy wyciąć z nich fileciki,
otrzeć skórkę i wycisnąć sok)
sok z 1 cytryny
1 łyżka masła
4 łyżki miodu lub cukru
1 gwiazdka anyżu
szczypta soli
mąka do podsypania stolnicy
1 jajko do smarowania chałek

PRZYGOTOWANIE

Zabieramy się do ciasta jak w poprzednim przepisie: w garnuszku podgrzewamy mleko do temperatury lekko wyższej niż nasze ciało, czyli około 40 stopni. Do mleka dodajemy 5 łyżek mąki, następnie pokruszone drożdże oraz 3 łyżki cukru. Przykrywamy ściereczką i odstawiamy w ciepłe miejsce na mniej więcej 30 minut. W czasie, gdy rozczyn wyrasta, przygotujemy dżem oraz kruszonkę.

Dżem robimy tak: dynię i fileciki z pomarańczy podsmażamy na maśle, po chwili dodajemy resztę składników, przykrywamy i dusimy (często mieszając). Po uzyskaniu odpowiedniej konsystencji studzimy – i hop, do lodówki. Wszystkie składniki kruszonki energicznie zagniatamy, wyrabiamy do konsystencji piasku. Kruszonkę również schładzamy w lodówce.

Kończymy ciasto: wyrośnięte drożdże dodajemy do reszty mąki, następnie wlewamy roztrzepane jaja, wsypujemy pozostały cukier, skórkę cytrynową i sól; starannie wrabiamy. Jeśli ciasto za bardzo klei się do rąk, podsypujemy je mąką. Na koniec wlewamy ciepłe masło lub olej, jeszcze przez chwilkę wyrabiamy. Ciasto dzielimy na sześć równych części i kręcimy z nich dwa warkocze. Układamy na blasze wyścielonej papierem do pieczenia, przykrywamy ściereczką, czekamy około 2 godzin, aż pięknie wyrosną. Potem delikatnie smarujemy je roztrzepanym jajkiem i okraszamy schłodzoną kruszonką. Pieczemy 30 minut w temperaturze 170 stopni. Podajemy z dżemem.

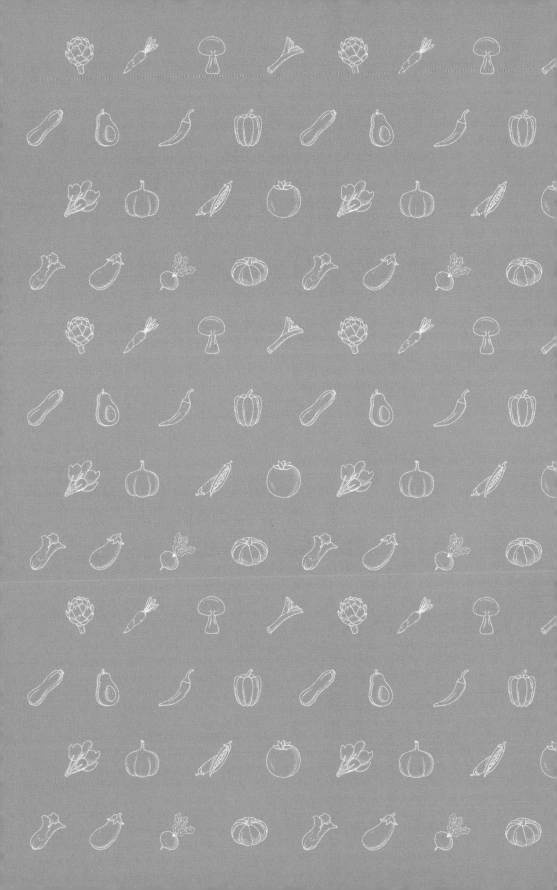

ROZDZIAŁ 2

WIĘZIENIE. SEN O GOTOWANIU

W życiu popełniłem wiele poważnych błędów. Drogi, które obierałem, nie zawsze były właściwe, decyzje niekoniecznie przemyślane. Na efekty nie musiałem długo czekać – trafiłem do więzienia. Chcę stanowczo podkreślić: w żadnym razie nie jestem dumny z tych wszystkich złych rzeczy, przez które znalazłem się za kratkami. Jednak w pewnym sensie również ten etap sprawił, że dziś jestem tu, gdzie jestem, że mogę cieszyć się urodą życia. Oczywiście nie będę w tym rozdziale podawał przepisów na więzienne jedzenie, choć muszę przyznać, że kotlety mielone robili świetne, a ich smak pamiętam do dziś. Inne potrawy? Cóż, moim sprzymierzeńcem była wyobraźnia. Kładłem się na pryczy, zamykałem oczy i fantazjowałem o składnikach, smakach, kompozycji dania; potem notowałem. Te więzienne przepisy mogłem wypróbować i dopracować dopiero po wyjściu na wolność. Tak też zrobiłem.

WYWAR Z **RYB** BAŁTYCKICH

———

Podstawa do zup rybnych, sosów
i zimnych przystawek, np. ryb
w galarecie. Ważne, by wykorzystać
kilka różnych gatunków ryb, najlepiej
ponadprzeciętnie tłustych:
łososia, halibuta, węgorza – dzięki temu
wywar będzie miał głębszy, bardziej
złożony smak i aromat.
Można ugotować go na dowolnych
rybach i rybich resztkach; wykorzystać
głowy, szkielety, płetwy, nawet skórę.
Wszystko to powinniście dostać
za grosze w każdym sklepie rybnym.
Napisałem wprawdzie, że można użyć
dowolnych ryb, jednakże śledź,
jedna z moich ulubionych ryb, akurat
średnio nadaje się na wywar,
bo w ogóle nie lubi gotowania
– jest za to świetny w każdej innej
formie, zwłaszcza smażony, z chrupiącą
skórką i soczystym tłuszczykiem.

SKŁADNIKI

(na 3 l wywaru – dla 8 osób)
300 ml wytrawnego białego wina
1,5 kg świeżych ryb i resztek rybnych
(np. 1 szkielet łososia, 1 pokrojona flądra,
1 szkielet dorsza wraz z głową)
2 cebule przecięte na pół i opalone w łupinach
2 marchewki obrane, w całości
1 pietruszka obrana, w całości
1/2 selera korzeniowego obranego
1 łodyga selera naciowego
2 ząbki czosnku
1 plaster (mniej więcej centymetrowej
grubości) bulwy kopru włoskiego
zielony bukiet (mniej więcej garść natki
pietruszki, pora i koperku)
1 zielona papryka opalona, w całości
oliwa do smażenia

PRZYGOTOWANIE

W dużym garnku o grubym dnie rozgrzewamy porządnie oliwę.
Wrzucamy ryby i resztki rybne; podsmażamy. Zalewamy białym
winem i redukujemy (podgrzewamy, aż wino odparuje – to ważny
etap, bo jeśli zbyt szybko wlejemy wodę, wywar będzie gorzki).
Następnie dodajemy resztę składników i zalewamy 5 l wody – tak
aby składniki były przykryte. Wywar gotujemy na bardzo małym
ogniu przez blisko 2 godziny, na koniec przecedzamy przez drobne
sito lub gazę.
    Tak przygotowany rybny wywar może być wykorzystywany
nie tylko w tradycyjnej kuchni polskiej, ale też w przepisach
orientalnych.

FILET Z **SANDACZA** Z ZIEMNIAKAMI I KALAFIOREM

———

pieczarki i por
w winnej śmietanie

SKŁADNIKI

1 mały kalafior podzielony na różyczki
1 duży por, tylko biała część pokrojona
na 4 kawałki
8 ziemniaków ugotowanych w mundurkach,
lekko twardych, pokrojonych w grube talarki
1 łyżka oliwy
1 łyżka masła
1 łyżka posiekanej natki pietruszki
sól i pieprz do smaku

2 filety z sandacza (4 kawałki, 600 g)
masło klarowane lub oliwa do smażenia
1 szalotka pokrojona w kostkę
4 suszone morele pokrojone w kostkę
8 pieczarek przekrojonych na pół
100 ml wytrawnego białego wina
1 szklanka śmietanki 30 lub 36 proc. (300 ml)
1 łyżka posiekanego koperku

PRZYGOTOWANIE

W osolonej wodzie gotujemy razem kalafior i por – kończymy gotowanie, gdy warzywa są jeszcze lekko twarde. Ugotowane różyczki kalafiora przecinamy na pół, kładziemy na patelni (od płaskiej strony) i podsmażamy na oliwie razem z ziemniakami. Dodajemy masło, natkę i przyprawy, wyłączamy ogień pod patelnią.

Na drugiej patelni rozgrzewamy 1-2 łyżki klarowanego masła lub oliwy i smażymy dokładnie osuszone filety z sandacza – tylko od strony skóry. Gdy skórka będzie miała piękny rudy kolor, kończymy smażenie ryby, a na patelnię dodajemy łyżkę klarowanego masła lub oliwy (pozwoli nam to zebrać smak i aromat) i szalotkę, a po chwili morele, pieczarki oraz ugotowane kawałki pora. Smażymy razem przez chwilę, zalewamy winem, redukujemy. Wlewamy śmietankę, gotujemy na małym ogniu około 10 minut.

Następnie ostrożnie wkładamy do sosu podsmażone kawałki ryb (skórą do góry) i gotujemy kolejne 10 minut – sos powinien lekko zgęstnieć i nabrać delikatnie rudego koloru. Na koniec dodajemy posiekany koperek i doprawiamy solą oraz pieprzem. Podajemy z podsmażonymi ziemniakami i kalafiorem.

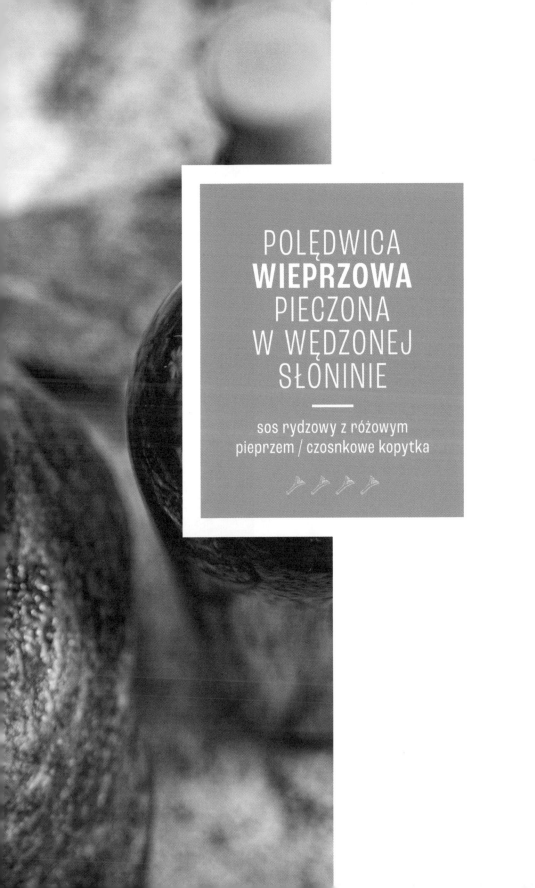

POLĘDWICA **WIEPRZOWA** PIECZONA W WĘDZONEJ SŁONINIE

sos rydzowy z różowym
pieprzem / czosnkowe kopytka

SKŁADNIKI

**Polędwica wieprzowa
pieczona w wędzonej słoninie**

1 polędwica wieprzowa (600-800 g)
6 łyżek oliwy
2 ząbki czosnku
1 łyżeczka miodu gryczanego
1 gałązka rozmarynu (igiełki drobno
siekamy, łodygę zachowujemy)
150 g wędzonej słoniny pokrojonej
w cienkie plasterki
sól i świeżo mielony pieprz

Czosnkowe kopytka

8 ziemniaków ugotowanych
w mundurkach i ostudzonych
1 szklanka mąki pszennej
2 jajka
1 drobno posiekany ząbek czosnku
1 łyżka posiekanej natki pietruszki
mąka do podsypywania
oliwa do gotowania
sól i pieprz do smaku

Sos rydzowy z różowym pieprzem

2 szalotki pokrojone w drobną
kostkę
1 łyżka oliwy
200 g rydzów (mogą być
mrożone; można też
wykorzystać inne grzyby)
1 mała gałązka tymianku
1 łyżeczka ziaren różowego pieprzu
1 gwiazdka anyżu
100 ml wytrawnego
czerwonego wina
3 łyżki zimnego masła
sól i pieprz do smaku

PRZYGOTOWANIE

Polędwicę oczyszczamy z błon (skrawki pozostawiamy, nadadzą się w przyszłości na znakomity wywar), dzielimy na 4 równe części. Mięso osuszamy papierowym ręcznikiem. Robimy marynatę: oliwę blendujemy z czosnkiem, dodajemy miód i posiekane igiełki rozmarynu. Delikatnymi ruchami wcieramy marynatę w polędwicę – robimy to tak długo, aż poczujemy, że z tłuszczu powstała emulsja. Mięso owijamy plasterkami wędzonej słoniny – niezbyt ściśle, bo słonina skurczy się podczas smażenia.

Robimy kopytka: ziemniaki obieramy i przepuszczamy przez maszynkę z sitkiem o drobnych oczkach lub intensywnie ugniatamy, tak aby nie było grudek. Dodajemy resztę składników, przyprawiamy do smaku. Wyrabiamy ciasto ręką. Na podsypanym mąką blacie formujemy kopytka o dowolnym kształcie i gotujemy je w osolonej wodzie z dodatkiem odrobiny oliwy. Kopytka gotujemy około 7 minut od chwili, kiedy wypłyną na powierzchnię wody; wtedy odcedzamy je i odstawiamy na bok.

Czas na sos rydzowy! Rozgrzewamy oliwę na patelni, wrzucamy szalotki, po chwili dodajemy rydze, tymianek, pieprz i anyż, smażymy do uzyskania pięknego rudego koloru. Dolewamy wino, a kiedy zredukuje się o połowę, zdejmujemy patelnię z ognia i dorzucamy kawałeczki zimnego masła. Energicznie mieszamy – zimne masło sprawi, że sos stanie się subtelniejszy, nabierze delikatnego maślanego smaku, a ponadto lekko zgęstnieje; przyprawiamy do smaku.

Piekarnik ustawiamy na 190 stopni. Kawałki polędwicy obsmażamy na patelni, dodając łodygę rozmarynu – po 2 minuty z każdej strony. Układamy na kratce piekarnika i pieczemy 12 minut – chyba że kawałki są naprawdę duże, wtedy trochę wydłużamy czas pieczenia. Mięso wyjmujemy i pozwalamy mu odpocząć przez 3 minuty, zanim podamy je na stół – po rozkrojeniu powinno mieć w samym środku oko gasnącego różu. Jeśli tak wyszło, jest sukces. Solimy i pieprzymy do smaku.

Ostatni etap to krótkie podsmażenie czosnkowych kopytek na patelni po smażeniu mięsa. Podajemy je do polędwicy razem z sosem rydzowym. Gotowe!

POLĘDWICA – JAK PRZYRZĄDZAĆ

Polędwica to najdelikatniejszy kawałek tuszy wieprzowej. Zanim przystąpimy do przyrządzania potrawy, kilka słów na temat tego mięsa i jego obróbki.

Zamarynowane mięso należy przed smażeniem wyjąć z lodówki i poczekać, aż osiągnie temperaturę pokojową. Jeśli wrzucimy je na patelnię prosto z lodówki, będzie twarde jak podeszwa.

Usmażone/upieczone mięso powinno chwilkę odpocząć, aby soki równomiernie się w nim rozłożyły.

Polędwicę solimy dopiero po smażeniu – można nawet poprosić gości, aby zrobili to sami, już na talerzach. Trzeba pamiętać, że sól wyciąga wodę.

GOTOWANA W TŁUSZCZU
KACZA NOGA

---

wytrawny pączek
z czerwoną kapustą / sos
żurawinowo-pomarańczowy

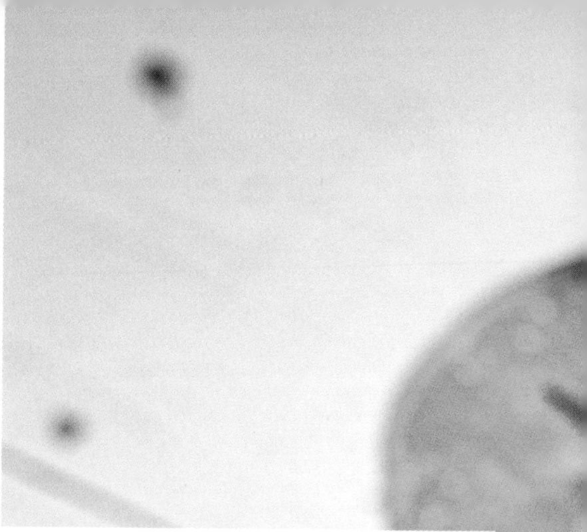

SKŁADNIKI

Gotowana w tłuszczu kacza noga

4 kacze uda
sól i pieprz do smaku
6 gałązek tymianku
4 ząbki czosnku
1 sparzona pomarańcza nieobrana
i pokrojona na ćwiartki
1 kg stopionego kaczego tłuszczu

**Wytrawny pączek
z czerwoną kapustą
Ciasto:**

70 ml mleka
200 g mąki
1 łyżka cukru
10 g świeżych drożdży
1 jajko + 2 żółtka
szczypta soli
1 mały ząbek czosnku drobno
posiekany
1 łyżka wódki
1 łyżka ciepłego stopionego masła
szczypta cynamonu

Czerwona kapusta:

1/4 główki czerwonej kapusty
(250 g) poszatkowanej w cienkie paski
1 łyżka kaczego tłuszczu
1 czerwona cebula pokrojona
w piórka
1 jabłko nieobrane, oczyszczone
z gniazd nasiennych, pokrojone
w słupki
6 suszonych śliwek
pokrojonych w paski
100 ml czerwonego
wytrawnego wina
1 łyżka octu balsamicznego
1 łyżka miodu gryczanego
posiekane listki z 1 gałązki tymianku
sól, pieprz, mielony kardamon
do smaku

Sos żurawinowo-pomarańczowy

smak z konfitowania kaczki
(patrz przepis)
1 szalotka pokrojona w drobną kostkę
odrobina kaczego tłuszczu
do smażenia
2 łyżki konfitury żurawinowej
2 łyżki zimnego masła
sól i pieprz do smaku

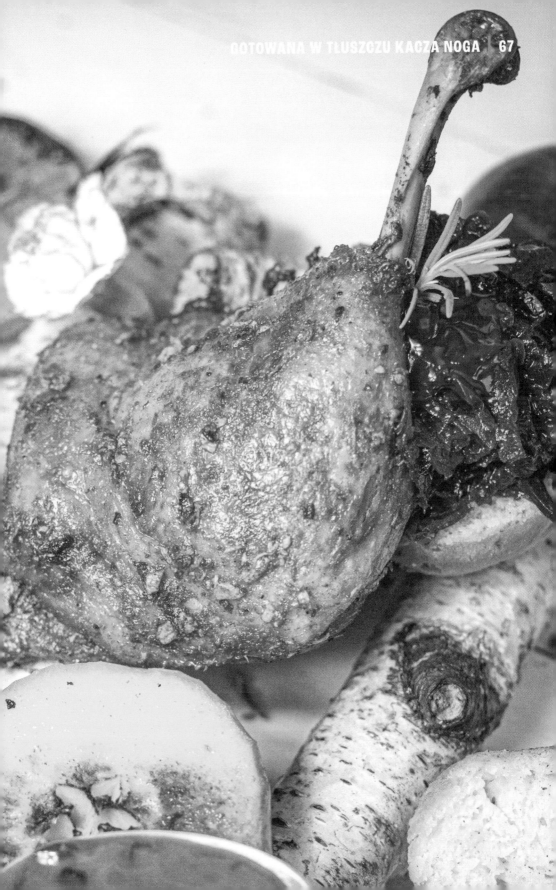

PRZYGOTOWANIE

Wyraziste w smaku, słodkawe mięso kaczki ma wielu fanów. Kacze nogi można przyrządzić na wiele sposobów – moim zdaniem najlepiej wypróbować metodę konfitowania, czyli ugotować je w tłuszczu. Tak przyrządzane mięso – w przeciwieństwie do gotowanego w wodzie – zachowuje praktycznie cały smak i aromat, a przede wszystkim pozostaje soczyste.

Kacze nogi obficie przyprawiamy solą oraz pieprzem i odstawiamy na co najmniej 3 godziny do lodówki. Następnie umieszczamy je wraz z pozostałymi składnikami w naczyniu żaroodpornym i zalewamy kaczym tłuszczem. Wstawiamy do piekarnika i pieczemy 4 godziny w temperaturze 90 stopni, bez przykrycia.

Robimy pączki. W garnuszku podgrzewamy mleko do temperatury mniej więcej 40 stopni, dodajemy 2 łyżki mąki, cukier i pokruszone drożdże, mieszamy do połączenia się składników. Przykrywamy ściereczką i odstawiamy w ciepłe miejsce na 30 minut. Wyrośnięte drożdże dodajemy do pozostałej mąki, wlewamy roztrzepane jajko i żółtka, dodajemy sól, cynamon, czosnek oraz wódkę, porządnie wyrabiamy. Kiedy wszystkie składniki się połączą, wlewamy masło i wyrabiamy (jeśli ciasto klei się do rąk, podsypujemy mąką). Masę dzielimy na mniejsze części i kręcimy z nich kulki, które następnie przykrywamy ściereczką i dajemy im około 2 godzin na wyrośnięcie. Mają czas do końca pieczenia kaczych nóg.

Zabieramy się do czerwonej kapusty. Na rozgrzany kaczy tłuszcz wrzucamy

cebulę, jabłko, śliwki, chwilkę podsmażamy. Dodajemy kapustę i zalewamy winem, czekamy, aż alkohol odparuje, a wtedy dolewamy szklankę zimnej wody. Gotujemy, aż kapusta będzie miękka, w razie potrzeby uzupełniając wodę. Pod koniec gotowania dodajemy ocet, miód oraz przyprawy.

Upieczone kacze nogi ostrożnie przekładamy na blachę wyłożoną papierem do pieczenia, zwiększamy temperaturę piekarnika do 180 stopni, pieczemy, aż skórka zrobi się ruda. Tłuszcz, w którym gotowało się mięso, ostrożnie przelewamy do garnka – chodzi o to, aby na dnie żaroodpornego naczynia pozostał smak z konfitowania kaczki, który będzie potrzebny do sporządzenia sosu.

Smażymy pączki: czysty kaczy tłuszcz rozgrzewamy na małym ogniu do temperatury 150-170 stopni (nie może być za wysoka, inaczej pączki usmażą się z zewnątrz, natomiast w środku będą surowe). Wkładamy wyrośnięte kulki ciasta, smażymy po 3 minuty z każdej strony.

Na koniec przyrządzamy sos. Smak z konfitowania kaczki wraz z czosnkiem i obranymi ze skórki pomarańczami blendujemy i cedzimy przez drobne sito. Na patelni smażymy szalotkę na odrobinie kaczego tłuszczu, dodajemy konfiturę żurawinową i zblendowany smak. Gotujemy przez chwilę, zdejmujemy z ognia, przyprawiamy do smaku, wkręcamy w sos zimne masło, energicznie mieszając.

Usmażone pączki delikatnie kroimy wzdłuż i faszerujemy czerwoną kapustą. Podajemy do konfitowanej kaczki, którą polewamy sosem.

KREM
Z **PORA**

---

pulpeciki z dorsza

SKŁADNIKI

Krem z pora

2 pory pokrojone na małe kawałki

3 pietruszki pokrojone w kostkę

1/2 selera pokrojonego w kostkę

6 ziemniaków pokrojonych w kostkę

2 cebule pokrojone w kostkę

4 ząbki czosnku posiekane

200 ml wytrawnego białego wina

2 l wywaru drobiowego (patrz przepis na barszcz
z pieczonych buraków na wywarze drobiowym)

2 łyżki miodu gryczanego

oliwa do smażenia

sól, pieprz (najlepiej biały), gałka muszkatołowa

Pulpeciki z dorsza

400 g fileta z dorsza zmielonego w maszynce
z nałożonym sitkiem o małych oczkach

1-2 łyżki masła klarowanego do smażenia

1 szalotka pokrojona w drobną kostkę

2 jajka

1 łyżka posiekanego koperku

1 łyżka posiekanej natki pietruszki

4 łyżki bułki tartej razowej

mąka krupczatka do oprószenia pulpecików

sól, pieprz do smaku

MASŁO KLAROWANE

W przepisach często używam masa klarowanego, które nadaje
potrawie aksamitności i przyjemnego maślanego smaku. Jeśli akurat
nie macie go w lodówce, podpowiem, jak je zrobić.

Kostkę masła wrzucamy do garnka, który stawiamy na małym
ogniu. Maselko zacznie się po chwili delikatnie pienić – ta piana
to białko, które oddzieli się od tłuszczu. Na dnie garnka również
wytworzy się osad – tym razem to białko i woda. Pomiędzy tymi
dwiema warstwami znajduje się czysty maślany tłuszcz. Delikatnie
zdejmujemy więc pianę z wierzchu, a klarowane masło ostrożnie
zlewamy – po usunięciu białka masło nie będzie się przypalało
podczas smażenia.

PRZYGOTOWANIE

Robimy pulpeciki. Na patelni podgrzewamy klarowane masło, wrzucamy szalotkę i szklimy. Po ostudzeniu dodajemy do zmielonej ryby wraz z pozostałymi składnikami; przyprawiamy do smaku. Z masy formujemy klopsiki, oprószamy je mąką i smażymy na piękny rudy kolor. Smażymy oczywiście na tej samej patelni, na której wcześniej szkliła się szalotka – dzięki temu oszczędzamy czas, ale przede wszystkim zbieramy smak.

Robimy zupę. Na patelni po smażeniu klopsików podsmażamy kolejno warzywa, pod sam koniec dodajemy czosnek. Przekładamy do garnka, ostrożnie zalewamy winem i czekamy, aż się zredukuje, wlewamy wywar i gotujemy pod przykryciem do chwili, aż warzywa się rozgotują. Przecieramy zupę przez drobne sito lub blendujemy. Aksamitny krem doprawiamy do smaku i dorzucamy klopsiki z dorsza.

ZUPA
POMIDOROWA
Z TRZECH RYB

SKŁADNIKI

2 łodygi trawy cytrynowej
rozgniecione
2 ząbki czosnku posiekane
2 cebule pokrojone w piórka
1 łodyga selera naciowego obrana
z włókien i pokrojona w drobne paski
1/2 selera
4 ziemniaki obrane i pokrojone
w kostkę
2 marchewki obrane i pokrojone
w kostkę
1 pietruszka pokrojona w kostkę
200 ml wytrawnego wina
2 litry wywaru (patrz przepis
na wywar z ryb bałtyckich)
2 puszki pokrojonych pomidorów
2 czerwone papryki pokrojone
w kostkę
1 papryczka chili posiekana,
z nasionami
400 g filetów rybnych
pokrojonych w kostkę 2 × 2 cm
(łosoś, dorsz, flądra)
1 limonka sparzona i pokrojona
w ćwiartki
1 łyżka posiekanej kolendry
oliwa do smażenia
sól, pieprz, mielony kardamon, cząber

PRZYGOTOWANIE

W garnku rozgrzewamy 1-2 łyżki oliwy i dodajemy trawę cytrynową oraz pokrojone warzywa (czosnek, cebulę, oba rodzaje selera, ziemniaki, marchewki, pietruszkę), podsmażamy. Zalewamy winem, czekamy, aż odparuje, dolewamy wywar, dodajemy pomidory i gotujemy – warzywa powinny pozostać lekko chrupkie. Dorzucamy paprykę słodką i chili oraz pokrojone ryby, gotujemy około 4 minut. Na koniec dodajemy limonkę, przyprawiamy do smaku i posypujemy świeżą kolendrą.

ZAPIEKANKA Z DORSZEM, **WARZYWAMI** I KOZIM SEREM

—

zapieczony sos chrzanowy

SKŁADNIKI

Zapiekanka

600 g fileta z dorsza pokrojonego w dużą kostkę

1 brokuł

1 por pokrojony na talarki

8 ziemniaków ugotowanych w mundurkach,
obranych i pokrojonych na talarki

2 marchewki obrane i pokrojone
w drobne paski

2 czerwone cebule, obrane i pokrojone w piórka

12 brązowych pieczarek,
pokrojonych w cienkie plasterki

4 ząbki czosnku obrane i pokrojone
w cienkie plasterki

2 rolki koziego sera (około 250g)
pokrojone w talarki

1 łyżka posiekanego koperku

1 garść pokrojonego szczypiorku

oliwa do smażenia

sól, pieprz młotkowany

Sos chrzanowy

2 łyżki masła

1 cebula obrana i pokrojona w kostkę

2 łyżki mąki pszennej

1 szklanka ciepłego mleka (300 ml)

1/2 szklanki śmietany

2 jajka + 2 żółtka

1 łyżka startego chrzanu

2 ząbki czosnku obrane i posiekane

sok i otarta skórka z 1 sparzonej cytryny

1 łyżka posiekanej natki pietruszki

sól, pieprz, gałka muszkatołowa

W NACZYNIU ŻAROODPORNYM LUB PAPILOTACH

Tę zapiekankę można przyrządzić w jednym dużym naczyniu
żaroodpornym. Jeśli jednak wolimy od razu zrobić pojedyncze
porcje, zawijamy je w kawałki papieru do pieczenia i skręcamy
końce, tak aby powstały papiloty.

PRZYGOTOWANIE

Zaczniemy od doprawienia ryby – pokrojone filety solimy, pieprzymy, skrapiamy oliwą i odstawiamy na bok.

Robimy sos. W garnuszku rozpuszczamy masło, dodajemy cebulę i – po chwili – mąkę, całość mieszamy, aż mąka troszkę się zrumieni. Następnie zalewamy ciepłym mlekiem, intensywnie mieszając do momentu, kiedy powstanie gęsty budyń; zdejmujemy z ognia. Wlewamy śmietanę roztrzepaną z jajkami i żółtkami, dodajemy resztę składników, przyprawiamy do smaku.

Rozgrzewamy piekarnik do 180 stopni. Brokuł oraz por gotujemy w osolonej wodzie – warzywa powinny pozostać lekko chrupkie, dojdą w piekarniku. Brokuł kroimy w wąskie talarki. Teraz zadanie specjalne – każde z warzyw (także te podgotowane) podsmażamy oddzielnie na patelni z odrobiną oliwy (cebulę można ewentualnie smażyć razem z podgotowanym porem; ziemniaki smażymy z czosnkiem). Bardzo ważne, aby nie solić składników, bo puszczą wodę i zapiekanka stanie się zupą.

Składamy potrawę. Na spodzie żaroodpornego naczynia kładziemy papier do pieczenia i układamy kolejno warstwy składników w następującej kolejności: ziemniaki z czosnkiem, kozi ser, pieczarki, sos chrzanowy, brokuły, dorsza, marchewkę, cebulę i por. Warstwy powtarzamy, aż skończą się składniki. Na wierzchu powinien znaleźć się sos chrzanowy, a na nim kozi ser.

Pieczemy od 20 do 30 minut w zależności od wielkości naczynia. Po upieczeniu posypujemy posiekanym koperkiem i szczypiorkiem.

CYTRYNOWE
KREWETKI
SMAŻONE
Z IMBIREM, CHILI
I CZOSNKIEM

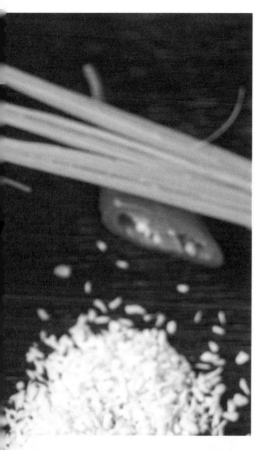

SKŁADNIKI

20 krewetek w pancerzykach
2 szalotki pokrojone
w drobną kostkę
2 łodygi trawy cytrynowej
rozgniecione
200 ml wytrawnego białego wina
2 szklanki mleka kokosowego
(400 ml)
4 łyżki suszonych pomidorów
pokrojonych w kostkę
1 papryczka chili pokrojona
w cienkie krążki
sok i otarta skórka
z 1 sparzonej cytryny
4 ząbki czosnku posiekane
1 mała łodyga selera naciowego
obrana i pokrojona w drobną kostkę
1 duża szczypta startego imbiru
1 łyżka syropu klonowego
2 łyżki zimnego masła pokrojonego
masło klarowane do smażenia
sól i pieprz do smaku

PRZYGOTOWANIE

Na początku musimy obrać krewetki – ukręcamy im głowy i zdejmujemy pancerzyki. Teraz uwaga! Głowy już nie będą do niczego potrzebne, natomiast pancerze porządnie szorujemy, suszymy i wrzucamy na patelnię, na której rozgrzaliśmy 1-2 łyżki klarowanego masła. Gdy porządnie się zrumienią, dodajemy jedną posiekaną szalotkę, trawę cytrynową i ostrożnie zalewamy winem. Kiedy alkohol zredukuje się o połowę, dodajemy mleko kokosowe i gotujemy 10 minut; cedzimy przez drobne sito.

Na patelni rozgrzewamy 1-2 łyżki klarowanego masła. Wrzucamy resztę szalotki, dodajemy osuszone krewetki i smażymy dosłownie minutkę na dużym ogniu. Dorzucamy pomidory oraz chili, króciutko podsmażamy, wlewamy wywar z pancerzyków i dodajemy resztę składników, z wyjątkiem zimnego masła. Smażymy jeszcze chwilkę, zdejmujemy z ognia i dodajemy zimne masło, energicznie mieszając. Od momentu wrzucenia krewetek na patelnię do końca pracy nie powinno minąć dłużej niż 4 minuty, więc wszystkie składniki musicie mieć pod ręką. Owoce morza lubią bardzo wysokie temperatury oraz krótkie smażenie. **UWAGA**: odgrzewanie owoców morza jest niedopuszczalne!

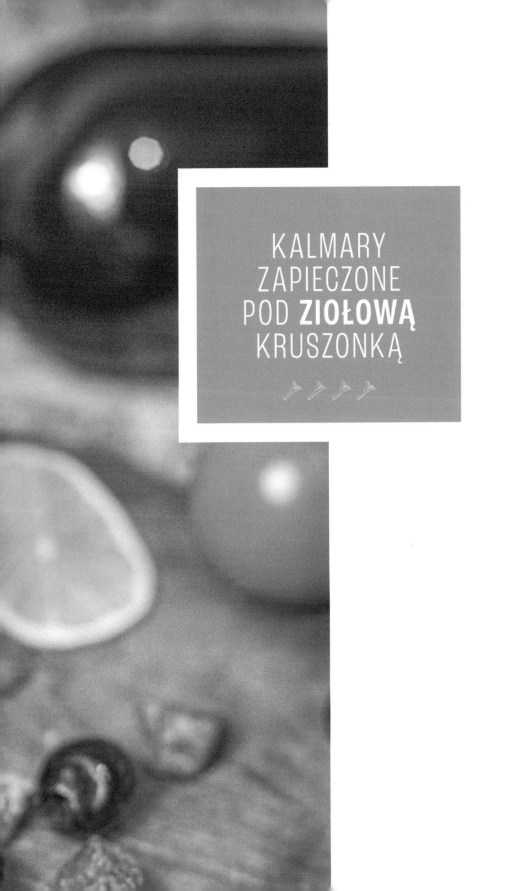

KALMARY
ZAPIECZONE
POD **ZIOŁOWĄ**
KRUSZONKĄ

SKŁADNIKI

Kalmary

6 tub kalmarów
1 szklanka oliwy
2 gałązki tymianku
4 ząbki czosnku obrane i drobno posiekane
100 ml czerwonego wytrawnego wina
2 szalotki obrane i pokrojone w piórka
12 czarnych oliwek pokrojonych w talarki
1 papryczka jalapeño pokrojona w talarki
1 puszka pomidorów (ok. 400 ml)
1 łyżka posiekanej natki pietruszki
2 czerwone papryki oczyszczone z gniazd
nasiennych i pokrojone w cienkie paski
3 łyżki masła
sok i otarta skórka z 1 sparzonej limonki
sól i pieprz do smaku

Ziołowa kruszonka

200 g masła
1 szalotka obrana i pokrojona w drobną
kostkę
1 szklanka bułki tartej
2 łyżki posiekanej natki pietruszki
kilka listków estragonu drobno posiekanych
1 łyżka posiekanego koperku
1 łyżka miodu
5 listków mięty drobno pokrojonych
sól i pieprz do smaku

PRZYGOTOWANIE

Tuby kalmarów rozcinamy tak, aby kawałki, które powstaną, były swoim lustrzanym odbiciem. Czyścimy je z błon, zarówno od wewnętrznej, jak i zewnętrznej strony, kroimy na kwadraciki o boku 2 cm.

Rozgrzewamy piekarnik do 140 stopni. Na patelni rozgrzewamy 1-2 łyżki oliwy, wrzucamy osuszone kalmary, dorzucamy tymianek oraz 2 ząbki czosnku. Ostrożnie zalewamy winem, czekamy, aż się zredukuje. Całą zawartość patelni przekładamy do naczynia żaroodpornego, zalewamy oliwą (powinna zakryć kalmary), wkładamy na 40 minut do piekarnika. Ten sposób przyrządzania nazywamy konfitowaniem – dzięki niemu nasze kalmary będą soczyste i miękkie.

Robimy kruszonkę oraz przygotowujemy warzywa do kalmarów. W garnuszku rozpuszczamy masło, wrzucamy szalotkę, odrobinę solimy i wsypujemy tartą bułkę. Smażymy, aż bułka się przyrumieni, zdejmujemy z ognia i dodajemy resztę składników; przyprawiamy.

Na patelni rozgrzewamy 1-2 łyżki oliwy, wrzucamy szalotkę, oliwki i jalapeño. Smażymy przez chwilę, dorzucamy pokrojone pomidory i resztę składników, zdejmujemy z ognia, przyprawiamy.

Konfitowane kalmary wyjmujemy na ręcznik papierowy. Zwiększamy temperaturę piekarnika do 220 stopni. Do 4 porcjowych miseczek żaroodpornych wkładamy warzywa, na nich kładziemy kalmary, posypujemy ziołową kruszonka. Zapiekamy około 10 minut.

KOPYTKA
Z **WĘDZONYM**
TWAROGIEM

———

sos maślany z miodem
gryczanym / kwaśna śmietana

SKŁADNIKI

Kopytka z wędzonym twarogiem
2 kostki tłustego twarogu (500 g)
5 ziemniaków ugotowanych i obranych
2 jajka + 2 żółtka
1 szklanka mąki pszennej
szczypta soli
mąka pszenna do posypania blatu
1 łyżka klarowanego masła

Sos maślany z miodem gryczanym
1/2 szklanki śmietanki 30 lub 36 proc.
1 łyżka miodu gryczanego
sok i otarta skórka z 1/2 sparzonej
cytryny
3 łyżki zimnego masła
4 łyżki gęstej kwaśnej śmietany

PRZYGOTOWANIE

Najważniejszą rzeczą w przygotowaniu kopytek jest podwędzenie twarogu. Można zrobić je wprawdzie ze zwykłego twarogu, ale smak nie będzie ten sam! Na początku udajemy się więc na spacer do lasu i zbieramy cienkie, suche gałązki drzew liściastych – najlepszy będzie buk, dąb lub olcha. Nie za dużo, wystarczy garstka.

Do podwędzenia twarogu potrzebny będzie wysoki garnek, folia aluminiowa, metalowe sitko (które zmieści się do garnka i oprze na jego rancie) oraz przykrywka do garnka i dużo ostrożności! W garnku rozkładamy kilka warstw foli aluminiowej, następnie rozpalamy w środku małe ognisko z naszych gałązek. Gdy większość drewienek już się rozpali, przykrywamy garnek i czekamy, aż ogień zgaśnie. Następnie szybkim ruchem wkładamy sitko z kostkami twarogu i znowu przykrywamy. Po godzinie wykładamy twaróg na talerz, czekamy kilkanaście minut, aż się przewietrzy. Wędzony twaróg już mamy, zabieramy się więc do kopytek.

Ugotowane ziemniaki – uwaga! przed mieleniem muszą być zupełnie zimne, inaczej kopytka będą mocno zbite i klejące – przepuszczamy przez maszynkę z nałożonym sitkiem o małych oczkach wraz z jedną kostką twarogu. Do masy dodajemy roztrzepane jajka i żółtka oraz mąkę, energicznie mieszamy, solimy do smaku.

Gdy masa będzie jednolita, dodajemy do niej drugą kostkę twarogu, lecz tym razem starannie go kruszymy – niewielkie kawałeczki powinny być wyczuwalne w kopytkach. Na oprószonym mąką blacie formujemy kopytka, wrzucamy je do osolonej wrzącej wody i gotujemy 7 minut od momentu, kiedy wypłyną na powierzchnię. Odcedzamy kopytka, smażymy na rumiano na klarowanym maśle. Ostrożnie zalewamy śmietanką, czekamy, aż się zagotuje, dodajemy sok i skórkę z cytryny oraz miód. Zdejmujemy z ognia, dorzucamy zimne masło, szybko mieszamy, aż powstanie subtelny złocisty sos. Kopytka w sosie podajemy z kwaśną śmietaną.

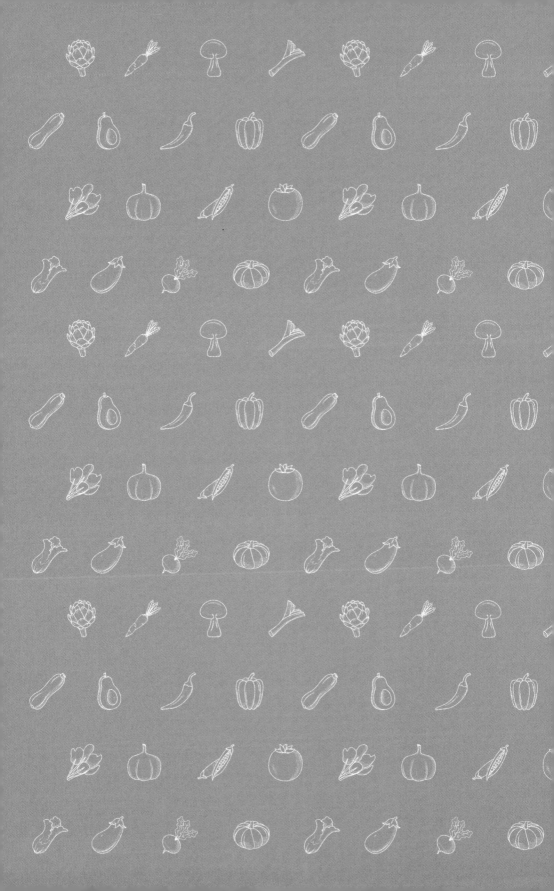

ROZDZIAŁ 3

HOSPICJUM. BEZ OGRANICZEŃ

———

Znacząca część mojego życia związana jest z pracą na rzecz Puckiego Hospicjum. Nie trafiłem tam przypadkowo – wyrokiem sądu miałem w tym miejscu wykonywać pracę na rzecz społeczną. Wtedy wcale nie byłem zachwycony – dziś wiem, że ta decyzja uratowała mi życie. Początki nie były proste, poszukiwałem siebie. Z biegiem czasu przemyślałem wiele kwestii, dotarło do mnie, co tak naprawdę jest w życiu ważne i jakimi wartościami powinienem się kierować. W hospicjum, dzięki pomocy wielu wspaniałych ludzi, odkryłem, że mogę być wartościowym członkiem społeczeństwa i że nic nie stoi na przeszkodzie, abym został zawodowym kucharzem. Zdobyłem doświadczenie, a część moich więziennych fantazji o gotowaniu mogła się wreszcie ziścić. Mnóstwo radości sprawiało mi zwłaszcza szykowanie wyjątkowych dań na specjalne zamówienia. Z przyjemnością wspominam tamte smakowite chwile.

WYWAR **MIĘSNY** WĘDZONY

Ta kombinacja smaków i aromatów świetnie sprawdzi się jako podstawa do zup cięższych, takich jak: grochówka, kapuśniak, fasolowa, a nawet grzybowa.

WĘDZONE ŻEBERKA POD KONIEC GOTOWANIA!

Wędzenie to jedna z lepszych naturalnych technik konserwowania produktów spożywczych. Kluczowy jest tu proces zasolenia produktu przed wędzeniem, bo sól wyciąga wodę. Zasolony produkt trafia do wędzarni, gdzie poddawany jest dalszej obróbce – suszeniu za pomocą powietrza, które może mieć różną temperaturę w zależności od trybu wędzenia (na zimno lub ciepło). Powietrze ogrzewane jest spalanym drewnem, które nadaje aromat wędzonym produktom.

Reasumując: jeśli długo gotujemy wędzone produkty, pozbawiamy je aromatu, którego nabrały w trakcie wędzenia.

SKŁADNIKI

(na 3 l wywaru – dla 8 osób)
500 g elementów wołowych (mogą
być ossobuco, szponder, kości itp.)
500 g elementów wieprzowych (mogą
być golonka, kawałek boczku, żeberka)
3 cebule w łupinach przekrojone na pół
olej rzepakowy do smarowania
8 suszonych śliwek
1 główka czosnku
3 jabłka obrane, z wykrojonymi
gniazdami nasiennymi
5 liści laurowych
8 ziaren czarnego pieprzu
zielony bukiet: garść natki pietruszki
z łodygami, koperku, zielonej części pora
500 g wędzonych żeberek wieprzowych

PRZYGOTOWANIE

Piekarnik ustawiamy na 220 stopni. Mięso i kości wołowe oraz wieprzowe, a także
cebulę delikatnie smarujemy olejem rzepakowym, układamy na blasze wyścielonej papierem do pieczenia, pieczemy,
aż się mocno przyrumienią. Wkładamy do
garnka, wlewamy 4 l zimnej wody i dodajemy pozostałe składniki wywaru (z wyjątkiem wędzonych żeberek). Gotujemy na
małym ogniu przez 2 godziny, wkładamy
wędzone żeberka i gotujemy razem jeszcze 30 minut.

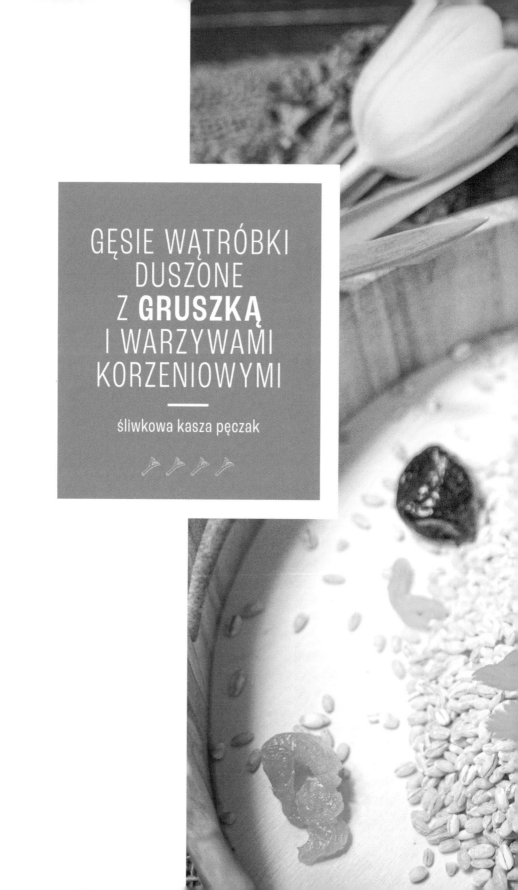

GĘSIE WĄTRÓBKI DUSZONE Z **GRUSZKĄ** I WARZYWAMI KORZENIOWYMI

—

śliwkowa kasza pęczak

SKŁADNIKI

Gęsie wątróbki duszone z gruszką i warzywami korzeniowymi

600 g gęsiej wątróbki
mąka pszenna do oprószenia wątróbki
masło klarowane do smażenia
2 gruszki pokrojone w cienkie paski
4 świeże morele pokrojone w ćwiartki
1 słodki ziemniak obrany i pokrojony
w cienkie paski
1 marchewka pokrojona w cienkie
paski
1/2 pietruszki pokrojonej w cienkie
paski
1/4 selera pokrojonego w drobną
kostkę
2 cebule pokrojone w piórka
listki z 2 gałązek tymianku
100 ml czerwonego wytrawnego wina
2 ząbki czosnku pokrojone w cienkie
plasterki
1 łyżka posiekanej natki pietruszki
sól i pieprz do smaku
2 łyżki zimnego masła

Śliwkowa kasza pęczak

200 g kaszy pęczak
masło klarowane do smażenia
1 szalotka obrana i pokrojona
w drobną kostkę
8 śliwek suszonych pokrojonych
w paski
100 ml białego wytrawnego wina
2 łyżki masła
sól i pieprz do smaku

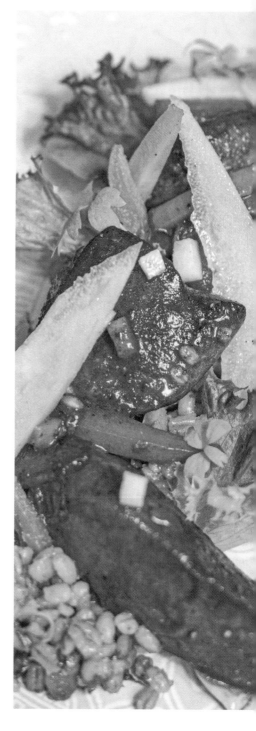

PRZYGOTOWANIE

Wątróbkę oczyszczamy z wszelkich błon, żył i innych zbędnych elementów. Osuszamy ją papierowym ręcznikiem, delikatnie oprószamy mąką i wrzucamy na dobrze rozgrzaną patelnię, na której roztopiliśmy 1-2 łyżki masła klarowanego. Szybko smażymy na dużym ogniu – tylko lewo-prawo – i zdejmujemy z patelni. Na tę samą patelnię wrzucamy gruszki i cząstki moreli, również szybko obsmażamy (lewo-prawo). Dorzucamy do podsmażonej wątróbki. Na patelnię, na której smażyły się wątróbka i owoce, kolejno wkładamy warzywa: słodkie ziemniaki, marchew, pietruszkę, seler i cebulę, dodajemy tymianek i smażymy na rudo. Gdy warzywa się pięknie zarumienią, zalewamy ostrożnie winem i czekamy, aż jego ilość się zredukuje o połowę. Wtedy dolewamy pół szklanki wody i dusimy, tak aby warzywa pozostały chrupkie.

Czas na kaszę! W garnuszku rozgrzewamy 1-2 łyżki klarowanego masła, dodajemy szalotkę i śliwki, po chwili dosypujemy kaszę i chwilkę podsmażamy. Zalewamy winem, a gdy się zredukuje, dolewamy porcjami 1 l wody – za każdym razem tylko tyle, aby zakryła powierzchnię kaszy – często mieszając. Gdy woda się skończy, jest to dla nas sygnałem, że należy zdjąć kaszę z gazu i dodać zimne masło, a potem energicznie wymieszać. Przyprawiamy do smaku solą i pieprzem.

Wracamy na patelnię z warzywami: dokładamy na nią wątrobę i owoce, dorzucamy czosnek i natkę, dusimy dosłownie przez kilka minut. Chodzi o to, aby wątróbka pozostała kusząco soczysta i różowa w środku. Zdejmujemy z ognia, na koniec dodajemy przyprawy i zimne masło. Delikatnie przy tym mieszamy, aby powstał aksamitny sos.

ŁOSOŚ ZAPIECZONY Z **ZIELONYMI** WARZYWAMI

—

sałatka szpinakowa

SKŁADNIKI

**Łosoś zapieczony
z zielonymi warzywami**

600 g fileta z łososia
podzielonego na 4 części
sól i pieprz młotkowany do smaku
listki z 2 gałązek tymianku
1 brokuł podzielony na różyczki
8 zielonych szparagów w całości
100 g zielonej fasolki szparagowej
100 g brukselki
1 cukinia pokrojona w talarki
1 ogórek świeży oczyszczony z pestek
i pokrojony w grube paski
2 cebule dymki ze szczypiorem
drobno pokrojone
1 zielona papryka oczyszczona z nasion
i pokrojona w grube paski
oliwa do smażenia
100 ml białego wytrawnego wina
4 łyżki masła
sok i skórka otarta z 1 sparzonej cytryny
4 ząbki czosnku pokrojone
w drobne słupki
4 łyżki bułki tartej
1 łyżka posiekanego koperku
1 łyżka posiekanej natki pietruszki

Sałatka szpinakowa

100 g świeżego szpinaku
1 ząbek czosnku posiekany
1/2 czerwonej cebuli drobno posiekanej
2 łyżki miodu
sok i skórka otarta
z 2 sparzonych limonek
1 łyżka octu z czerwonego wina
100 ml oliwy extra virgin
5 listków mięty posiekanych

PRZYGOTOWANIE

Przyrządzamy rybę. Szczodrze solimy i pieprzymy filet, nacieramy go świeżo posiekanym tymiankiem, odkładamy na czas przygotowania reszty składników dania. Teraz zajmiemy się warzywami. W osolonej wodzie blanszujemy różyczki brokuła, szparagi, fasolkę szparagową i brukselkę – do chwili, aż będą „na ząb". Ustawiamy piekarnik na 190 stopni. Na dużej patelni rozgrzewamy 1-2 łyżki oliwy i podsmażamy wszystkie warzywa, również te blanszowane. Kiedy się ładnie przyrumienią, wlewamy białe wino i czekamy, aż się zredukuje o połowę. Dodajemy masło i zdejmujemy patelnię z ognia. Warzywa przekładamy do miski, w której wygodnie będziemy mogli wymieszać je z resztą składników. Na blachę wyścieloną papierem do pieczenia przekładamy przygotowane warzywa (możemy od razu podzielić je na porcje), a na nich układamy kawałki łososia. Wkładamy do piekarnika na 12 minut – chyba że porcje ryby są dość grube, wtedy wydłużamy czas o kilka minut.

Czas na sałatkę, a właściwie sos do niej, który trzeba zrobić najpierw. Przez kilka minut ucieramy w niewielkiej misce czosnek, cebulę, miód, sok i skórkę z limonki oraz ocet. Stopniowo dolewamy oliwę, cały czas mieszając, aż powstanie piękna emulsja, dodajemy miętę. Liście szpinaku delikatnie mieszamy z sosem i nakładamy na zapieczonego łososia.

KURZE **PIERSI** ZE SKÓRĄ DUSZONE W SOSIE CEBULOWYM

---

pieczone ziemniaki z czosnkiem,
boczkiem i rozmarynem

SKŁADNIKI

2 piersi z kurczaka ze skórą (razem
ok. 600 g), podzielone na 4 równe części

Marynata
1 łyżka miodu
2 łyżki oliwy
posiekane igiełki z 1 gałązki rozmarynu
1 ząbek czosnku posiekany
sok i skórka otarta z 1 sparzonej cytryny
sól i pieprz

Sos cebulowy
3 cebule pokrojone w piórka
2 goździki
oliwa do smażenia
200 ml białego wytrawnego wina
2 ząbki czosnku pokrojone
w drobne słupki
listki z 2 gałązek tymianku
1 szklanka śmietanki 30 lub 36 proc.
1 łyżka posiekanej natki pietruszki
sól, pieprz, mielone ziele
angielskie do smaku
1 łyżka zimnego masła

**Pieczone ziemniaki z czosnkiem,
boczkiem i rozmarynem**
80 g wędzonego boczku pokrojonego
w cienkie paski
8 obranych i ugotowanych ziemniaków
pokrojonych w grube talarki
posiekane igiełki z 2 gałązek rozmarynu
2 ząbki czosnku pokrojone
w drobne słupki
sól i pieprz do smaku

PRZYGOTOWANIE

Robimy marynatę z podanych składników (można je zblendować), nacieramy nią piersi kurczaka i wstawiamy na co najmniej 3 godziny do lodówki (kurczaka można zamarynować w przeddzień). Po wyjęciu z marynaty obsmażamy piersi na piękny rudy kolor, następnie odkładamy je na bok – niech czekają na swoją kolej.

Robimy sos cebulowy. Na patelni rozgrzewamy 1-2 łyżki oliwy, wrzucamy cebulę i goździki, porządnie zasmażamy na rudy kolor. Zalewamy białym winem, a kiedy połowa odparuje, dodajemy resztę składników, z wyjątkiem masła.

Gdy sos na patelni zacznie się delikatnie gotować, ostrożnie dokładamy obsmażonego kurczaka, przykrywamy i dusimy na małym ogniu 12 minut (chyba że filety były bardzo grube, wtedy należy dodać kilka minut). Zdejmujemy z ognia, dodajemy masło, doprawiamy do smaku.

Czas na ziemniaki. Na zimną patelnię wrzucamy boczek, wytapiamy na małym ogniu (jeśli boczek jest mało tłusty, można dolać nieco oleju). Dorzucamy ziemniaki i rozmaryn i podsmażamy, na samym końcu dodajemy czosnek, przyprawiamy do smaku.

GULASZ
WOŁOWY

---

zapiekanka ziemniaczana

SKŁADNIKI

Gulasz wołowy

1 kg antrykotu pokrojonego w kostkę
(mniej więcej 2 × 2 cm)
oliwa do smażenia
mąka pszenna do oprószenia mięsa
2 cebule pokrojone w piórka
6 boczniaków pokrojonych w grube paski
300 ml czerwonego wytrawnego wina
sól, pieprz, lubczyk i kumin do smaku
2 marchewki pokrojone w plasterki
2 łyżki kaparów
2 łyżki czarnych oliwek pokrojonych w plasterki
2 czerwone papryki oczyszczone z nasion
i pokrojone w większą kostkę
1 puszka pomidorów (ok. 400 g)
4 ząbki czosnku pokrojone w cienkie słupki
1 łyżka koncentratu pomidorowego
1 łyżka musztardy dijon

Marynata

posiekane igiełki z 2 gałązek rozmarynu
2 ząbki czosnku posiekane
spora szczypta pieprzu młotkowanego
1 łyżka posiekanego lubczyku
1 łyżka miodu
4 łyżki oliwy

Zapiekanka ziemniaczana

12 ziemniaków ze skórką pokrojonych
w bardzo cienkie plasterki
masło i bułka tarta do przygotowania naczynia
żaroodpornego
8 łyżek gęstej śmietany 18 proc. (można wziąć
22 lub 24 proc.)
2 ząbki czosnku drobno posiekane
posiekane listki z 4 gałązek tymianku
200 g sera grana padano startego
sól i pieprz do smaku

Z ODROBINĄ TŁUSZCZYKU

Antrykot ma znaczne przerosty tłuszczu. Jeśli wolicie mięso chudsze, na gulasz równie dobrze nada się zrazowa (zarówno górna, jak i dolna) albo rostbef, ale to właśnie tłuszczyk znakomicie podbije smak i sprawi, że mięso będzie soczyste.

PRZYGOTOWANIE

Starannie ucieramy wszystkie składniki marynaty. Porządnie nacieramy wołowinę i odstawiamy ją na minimum 3 godziny do lodówki – można też zamarynować mięso w przeddzień.

Robimy zapiekankę. Można wybrać jeden z dwóch sposobów – albo przygotować ją w ośmiu porcjach (dla każdej z osób oddzielnie), albo upiec jedną dużą i pokroić ją na porcje. Niezależnie od opcji należy przygotować naczynie w taki sam sposób: spód wyłożyć papierem do pieczenia, a boki obficie wysmarować masłem i oprószyć tartą bułką. Śmietanę mieszamy z czosnkiem, tymiankiem, serem i przyprawami. Przygotowane naczynia (lub jedno duże) napełniamy na zmianę warstwami ziemniaków i przyprawionej śmietany, aż składniki się skończą. Na wierzchu powinna być śmietana. Przygotowane zapiekanki (lub zapiekankę) odkładamy na bok i wracamy do wołowiny.

Zamarynowane mięso delikatnie oprószamy mąką. Na patelni rozgrzewamy 4 łyżki oliwy, wrzucamy mięso. Pamiętajcie, że smażone kawałki muszą mieć trochę luzu na patelni – jeśli będzie ich za dużo, zamiast smażyć, zaczną się dusić! Gdy mięso nabierze już pięknego rudego koloru, przekładamy je do dużego garnka.

Na patelnię po smażeniu mięsa wrzucamy cebulę i boczniaki, porządnie je podsmażamy i dorzucamy do mięsa; dusimy razem przez chwilę, zalewamy winem i czekamy, aż zredukuje się o połowę. Dodajemy pomidory wraz z zalewą, koncentrat, musztardę i czosnek. Dolewamy tyle wody, aby zakryła składniki w garnku, dusimy około godziny (mięso powinno być jeszcze delikatnie twarde).

Rozgrzewamy piekarnik do 170 stopni, wkładamy małe zapiekanki (lub jedną dużą), pieczemy 30-40 minut, aż ziemniaki będą miękkie.

Teraz kończymy gulasz. Marchew, kapary, paprykę oraz oliwki podsmażamy na patelni, dorzucamy do mięsa i chwilę dusimy razem. Przyprawiamy do smaku. Gulasz wykładamy na talerze, pośrodku umieszczamy porcje chrupiącej, rumianej zapiekanki.

ZUPA
Z **CHRUPIĄCYM**
KALAFIOREM

—

wieprzowe gołąbki z gryką

SKŁADNIKI

Zupa z chrupiącym kalafiorem

3 l wywaru drobiowego (patrz przepis na s. 11)
2 kalafiory podzielone na różyczki
(jeśli kalafiory są duże, wystarczy jeden)
masło klarowane do smażenia
4 cebule pokrojone w piórka
6 ziemniaków pokrojonych w kostkę
1 biała część pora pokrojona w talarki
2 pietruszki obrane i pokrojone w kostkę
1 seler obrany i pokrojony w kostkę
4 bulwy topinamburu obrane i pokrojone w kostkę
1 łodyga selera naciowego obrana z włókien
i pokrojona w drobne paski
1 szklanka (300 ml) śmietany 18 proc.
4 ząbki czosnku pokrojone
w cieniutkie plasterki
2 łyżki posiekanego koperku
1 łyżka miodu
1 gwiazdka anyżu
sól, biały mielony pieprz,
gałka muszkatołowa do smaku

Wieprzowe gołąbki z gryką

1 cebula pokrojona w drobną kostkę
1 marchewka obrana i pokrojona w drobną kostkę
masło klarowane do smażenia
400 g karkówki wieprzowej zmielonej
w maszynce z sitkiem o drobnych oczkach
1 razowa bułka namoczona w połowie szklanki
mleka, a potem zmielona w maszynce
z sitkiem o drobnych oczkach
50 g kaszy gryczanej ugotowanej na sypko
(waga kaszy przed ugotowaniem)
1 łyżka posiekanej natki pietruszki
1 ząbek czosnku drobno posiekany
sól i pieprz do smaku
8 liści jarmużu zblanszowanych

PRZYGOTOWANIE

Wywar dzielimy na dwie części. Do jednego garnka wlewamy 2 l, do drugiego 1 l. Różyczki jednego kalafiora kruszymy na bardzo małe kawałki i dodajemy je do garnka z mniejszą ilością wywaru; gotujemy, aż kalafior się rozgotuje, blendujemy, odstawiamy. Różyczki z drugiego kalafiora gotujemy w garnku z większą ilością wywaru, dorzucając gwiazdkę anyżu – kiedy są już „na ząb", wyjmujemy je i studzimy, a gwiazdkę anyżu usuwamy.

W czasie, gdy kalafior się gotuje i stygnie, robimy gołąbki. Cebulę oraz marchew podsmażamy na patelni na 1-2 łyżkach klarowanego masła i porządnie mieszamy z resztą składników. Przyprawiamy do smaku.

Porcje masy mięsnej nakładamy na liście jarmużu i zwijamy gołąbki (jeśli macie liście pora, możecie je zblanszować i użyć do związania gołąbków), gotujemy przez 20 minut w zupie, wyjmujemy i dokładamy do obgotowanych różyczek kalafiora (tych wyjętych z większego garnka).

Kończymy robić zupę. Na patelni porcjami rozgrzewamy klarowane masło i kolejno podsmażamy na nim przygotowane warzywa (z wyjątkiem czosnku i posiekanego koperku). Przekładamy je do garnka z zupą i gotujemy, aż warzywa będą jeszcze lekko chrupkie.

Teraz łączymy zupy. Do kalafiora zblendowanego w wywarze dodajemy śmietanę, mieszamy z gotującą się zupą w drugim garnku; dorzucamy czosnek oraz koperek, dodajemy miód, przyprawiamy do smaku. Ostudzone różyczki kalafiora kroimy na pół i podsmażamy razem z ugotowanymi gołąbkami na piękny rudy kolor na 1-2 łyżkach klarowanego masła. Chrupiący kalafior wraz z gołąbkami umieszczamy w głębokich talerzach i zalewamy zupą.

ZIEMNIACZANY
KREM

—

rogaliki z ciasta francuskiego
z rodzynkami i porem

PRZYGOTOWANIE

Robimy zupę. W garnku porządnie rozgrzewamy 1-2 łyżki oliwy z oliwek i smażymy pokrojone warzywa na piękny rudy kolor. Wlewamy wino i redukujemy o połowę, dodajemy wywar, przykrywamy i gotujemy, aż warzywa się rozgotują (jeśli za dużo wywaru odparuje, można uzupełnić go wodą).

W czasie, gdy zupa się gotuje, robimy rogaliki. Rozgrzewamy piekarnik do 200 stopni. W rondelku topimy masło, następnie dodajemy por oraz rodzynki i chwilę dusimy. Zalewamy winem i czekamy, aż się zredukuje. Teraz dolewamy śmietankę i także redukujemy, aż powstanie dość gęsta masa. Dodajemy do niej koperek, solimy i pieprzymy do smaku, studzimy.

Ciasto francuskie rozwijamy na blacie i od szerszej strony wycinamy trójkąty o podstawie 2 cm. Na środku każdego kładziemy po jednej łyżce nadzienia i zaczynamy zawijać od szerszej części. Rogaliki smarujemy jajkiem roztrzepanym z żółtkiem i łyżką wody, pieczemy około 15 minut.

Wracamy do zupy. Blendujemy ją i przecieramy przez drobne sito lub gazę, dodajemy pokruszoną chałwę i gotujemy jeszcze chwilę na małym ogniu. Chałwa nada delikatną słodycz, a także uzupełni smak o nutę sezamu i orzechów. Przyprawiamy do smaku, podajemy z rogalikami.

SKŁADNIK

Ziemniaczany krem

4 cebule pokrojone w piórka
1 biała część pora pokrojona w krążki
4 bulwy topinamburu obrane
i pokrojone w kostkę
6 ziemniaków obranych i pokrojonych
w kostkę
1/4 bulwy kopru włoskiego
pokrojonego w kostkę
1 słodki ziemniak obrany i pokrojony
w kostkę
5 ząbków czosnku obranych
i posiekanych
oliwa do smażenia
300 ml białego wytrawnego wina
2 l wywaru mięsnego wędzonego
(patrz przepis na początku tego
rozdziału)
200 g chałwy tradycyjnej
sól, biały pieprz, gałka muszkatołowa,
mielony kumin do smaku

Rogaliki z ciasta francuskiego
z rodzynkami i porem

1 łyżka masła
1 biała część pora pokrojona w krążki
1 garść rodzynek
200 ml białego wytrawnego wina
100 ml śmietanki 30 lub 36 proc.
1 łyżka posiekanego koperku
sól i pieprz do smaku
1 rolka gotowego ciasta francuskiego

Do smarowania rogalików

1 jajko
1 żółtko
1 łyżka wody

KAPUŚNIAK
NA **WĘDZONYCH**
ŻEBERKACH

SKŁADNIKI

1 kg kiszonej kapusty
oliwa do smażenia
1 płat wędzonych żeberek wieprzowych
(ok. 600 g) pokrojony na mniejsze elementy
3 l wywaru mięsnego wędzonego
12 suszonych moreli pokrojonych w paski
2 marchewki pokrojone w kostkę
1/2 selera obranego i pokrojonego w kostkę
1 pietruszka pokrojona w kostkę
8 ziemniaków obranych i pokrojonych
w kostkę
3 cebule obrane i pokrojone w piórka
posiekane listki z 4 gałązek tymianku
4 ząbki czosnku obrane i pokrojone w cienkie
plasterki
sól, pieprz, gałka muszkatołowa,
mielony kumin do smaku

PRZYGOTOWANIE

W garnku rozgrzewamy 1-2 łyżki oliwy i wrzucamy odciśniętą kiszoną kapustę (sok zostawiamy, może przyda się do doprawienia zupy). Po kilku minutach dodajemy wędzone żeberka i 2 szklanki wody, przykrywamy, dusimy, aż kapusta będzie miękka, często przy tym mieszając. Przekładamy kapustę i żeberka na chwilę do miski, do garnka wlewamy wywar, zagotowujemy.

Na patelni rozgrzewamy 1-2 łyżki oliwy i kolejno podsmażamy warzywa oraz morele. Przekładamy je do wywaru i gotujemy „na ząb". Dorzucamy uduszoną kapustę i gotujemy razem jeszcze przez chwilę. Przyprawiamy do smaku tymiankiem, czosnkiem, solą, pieprzem, gałką muszkatołową i kuminem. Zupę podajemy z wędzonymi żeberkami.

JAJKA
W **KOSZULKACH**
---
sos śmietanowy / grzanki z kozim
serem na sałatce

SKŁADNIKI

Jajka w koszulkach
4 jajka
1 łyżka octu z białego wina

Sos śmietanowy
1 szalotka obrana i pokrojona w drobną kostkę
oliwa lub masło klarowane do smażenia
100 ml białego wytrawnego wina
100 ml śmietanki 30 lub 36 proc.
posiekane listki z 1 gałązki tymianku
sól i mielony biały pieprz do smaku
1 łyżka zimnego masła
sok i skórka otarta z 1 sparzonej cytryny

Grzanki z kozim serem
1 bułka paryska pokrojona na 4 kromki
1 rolka koziego sera (ok. 150 g) pokrojona
w grube talarki
1 łyżka masła
1 ząbek czosnku drobno posiekany
1 łyżka posiekanego koperku

Sałatka
2 duże garści mieszanych sałat (rukola, roszponka,
rzymska, radicchio)
1 słodki pomidor malinowy sparzony, bez gniazda
nasiennego, obrany ze skórki i pokrojony w kostkę
1 czerwona cebula obrana i pokrojona
w drobną kostkę
1 świeży ogórek bez gniazda nasiennego,
pokrojony w kostkę
4 rzodkiewki pokrojone w talarki
8 czarnych oliwek bez pestek
1 garść malin
2 figi pokrojone w cząstki
1 łyżka oliwy extra virgin
sól i pieprz

PRZYGOTOWANIE

Na samym początku włączamy piekarnik i ustawiamy temperaturę na 220 stopni.

Najpierw robimy sos. Na patelni rozgrzewamy 1-2 łyżki klarowanego masła lub oliwy, wrzucamy pokrojoną szalotkę, po chwili zalewamy winem i czekamy, aż się zredukuje do połowy. Następnie dolewamy śmietankę i gotujemy na małym ogniu, aż sos się zagęści. Zdejmujemy z ognia, dodajemy skórkę i sok z cytryny, przyprawy oraz zimne masło, studzimy.

Czas na sałatkę. Wszystkie warzywa (maliny i figi czekają, dołożymy je na koniec) ostrożnie przekładamy do miski, dodajemy oliwę i kilka razy delikatnie mieszamy (nie przyprawiamy, to zrobimy na końcu, inaczej składniki stracą chrupkość).

Teraz przygotowujemy się do gotowania jajek w koszulkach. W rondelku zagotowujemy 1 l wody, dodajemy ocet, zmniejszamy ogień, tak aby woda parowała, ale się nie gotowała!

W tym czasie szykujemy grzanki. Kromki bułki smarujemy masłem roztartym z czosnkiem i koperkiem, przykrywamy plastrami koziego sera, wkładamy na górną półkę piekarnika – niech ser się mocno przyrumieni.

Sos gotowy, sałatka też, grzanki w piecu, więc czas na jajka. Wybijamy je po jednym do niewielkiego naczynia, następnie tworzymy w garnku z wodą i octem delikatny wir i w jego środek ostrożnie wpuszczamy jajka (po jednym na raz). Każde jajko gotujemy około 4 minut, tak aby żółtko pozostało płynne.

Na talerze wykładamy porcje sałatki (którą dopiero teraz solimy i pieprzymy), na każdej porcji kładziemy chrupiącą grzankę, polewamy sosem, a na wierzchu układamy jajko. Na koniec dorzucamy maliny i figi.

CYNAMONOWE JABŁKO ZAPIECZONE POD **WANILIOWĄ** KRUSZONKĄ

sos śmietankowy

SKŁADNIKI

Cynamonowe jabłko
1 łyżka masła
8 jabłek (4 obieramy
i kroimy w dużą kostkę,
4 płasko ścinamy
od strony ogonka
i wydrążamy gniazda
nasienne)
szczypta cynamonu
1 łyżka miodu
1 łyżeczka startego
świeżego imbiru
80 ml żubrówki
sok i skórka otarta
z 1 sparzonej cytryny

Waniliowa kruszonka
1 laska wanilii
70 g masła
100 g mąki pszennej
50 g cukru pudru
szczypta soli

Sos śmietankowy
1 szklanka śmietanki
30 lub 36 proc.
1 płaska łyżka cukru
sok i skórka otarta
z 1 sparzonej cytryny
szczypta soli
2 łyżki zimnego masła

PUSTA LASKA WANILII
Można włożyć ją do słoika z cukrem
– po kilku dniach cukier nabierze
pięknego waniliowego aromatu.

PRZYGOTOWANIE

Włączamy piekarnik i ustawiamy go na 180 stopni. Najpierw robimy kruszonkę. Laskę wanilii przecinamy wzdłuż na pół, wyskrobujemy nasionka ze środka, ucieramy je z masłem. (Co zrobić z pustą laską? Patrz ramka). Mieszamy z resztą składników, aż osiągniemy konsystencję kruchej gliny. Wstawiamy kruszonkę do lodówki.

Czas na jabłka. W garnku rozgrzewamy masło, wrzucamy pokrojone jabłka i smażymy, aż się pięknie przyrumienią. Dodajemy resztę składników i chwilę jeszcze trzymamy na małym ogniu. Takim farszem napełniamy wydrążone całe jabłka, obficie obsypujemy kruszonką, wkładamy do piekarnika na górną półkę i pieczemy około 20 minut (kruszonka musi nabrać naszego ulubionego rudego koloru!).

Jabłka w piecu, czas zmierzyć się z sosem. W rondelku gotujemy śmietankę, aż się zagęści. Dodajemy cukier, sok i skórkę z cytryny oraz sól, zdejmujemy z ognia. W sos wkręcamy zimne masło, energicznie mieszając.

Jabłka z kruszonką przekładamy na głębokie talerze, polewamy sosem.

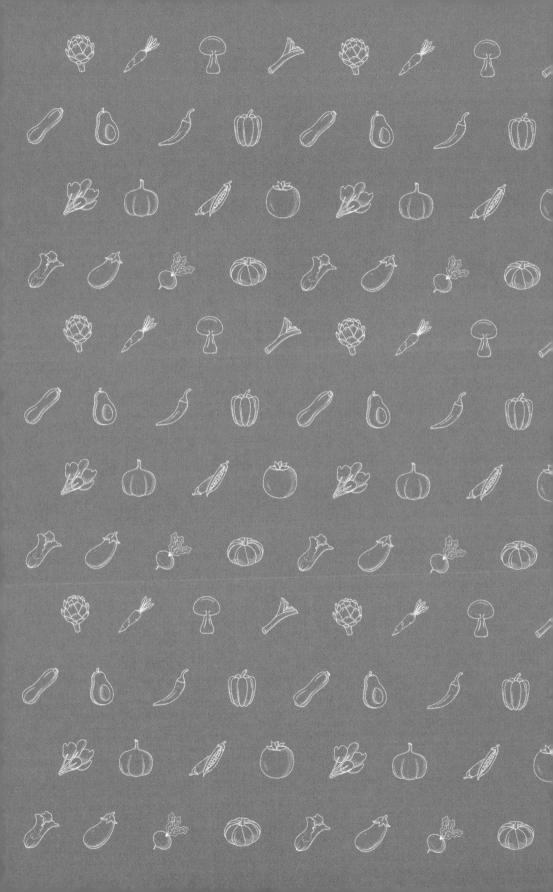

ROZDZIAŁ 4

SZEF KUCHNI. SPEŁNIONE MARZENIE

Nie zawaham się powiedzieć: w tym momencie
mojego życia czuję się spełniony zarówno jako
mąż i tata, jak i jako kucharz. Zawodową wiedzę
czerpałem od wielu wybitnych szefów kuchni,
a przy tym wciąż samodzielnie budowałem bazę
własnych pomysłów. Nie zawsze było łatwo, nad
wieloma przepisami pracowałem bardzo długo
– na przykład roladę z białym makiem piekłem co
najmniej kilka razy, zanim uznałem, że receptura
jest idealna. Byłem zdeterminowany, uparcie
dążyłem do sukcesu, nie odpuszczałem, potrafiłem
uczyć się na błędach – zresztą wciąż się uczę.
Jestem estetą. Dla mnie wygląd dania ma
ogromne znaczenie, a sukces ostateczny to
połączenie smaku i pięknej prezentacji. Każdy
kucharz powinien być po trosze artystą.
Często uśmiecham się do dań,
które przygotowałem.

DEMI-**GLACE**

---

sos wołowy

SKŁADNIKI

1,5 kg
pokrojonych
kości wołowych
(ossobuco)
4 cebule
w łupinach
przekrojone
na pół
5 marchewek
obranych,
w całości
2 pietruszki
obrane, w całości
1 seler obrany,
w całości
4 łodygi selera
naciowego
oliwa
do smażenia
1 główka czosnku
w łupinie,
przekrojona
na pół
4 listki laurowe
8 kulek ziela
angielskiego
1/2 butelki
czerwonego
wytrawnego wina

PRZYGOTOWANIE

Od tego aromatycznego, esencjonalnego sosu wszystko się zaczyna, a jego przygotowanie jest prawdziwym rytuałem. Choć proste, wymaga czasu i częstego doglądania, a cały proces trwa prawie trzy dni.

Na samym początku rozgrzewamy piekarnik do 220 stopni. Składniki (z wyjątkiem wina, czosnku, liści laurowych i ziela angielskiego) smarujemy oliwą, umieszczamy na blaszce wyścielonej papierem do pieczenia i wkładamy do pieca. Mocno zapiekamy, tym razem na zdecydowanie ciemniejszy kolor niż nasz ulubiony rudy. Gdy składniki się już porządnie skarmelizują, ostrożnie przekładamy je do garnka i zalewamy wodą w takiej ilości, aby je zakryła. Dodajemy główkę czosnku, ziele angielskie i liście laurowe. Stawiamy na bardzo małym ogniu. Teraz trzeba się uzbroić w anielską cierpliwość i bacznie, co jakiś czas, doglądać wywaru. Musi bardzo delikatnie pyrkać przez dwa dni (oczywiście na noc go wyłączamy i odstawiamy w chłodne miejsce). Gdy zauważymy, że wywar zredukował się za bardzo, dolewamy nieco wody. Trzeciego dnia, zanim wstawimy nasz wywar na ogień, cedzimy go przez drobne sito lub gazę i łączymy z winem. Gotujemy na małym ogniu – wywar powinien się zredukować nawet dziesięciokrotnie, w garnku zostaje smoła – to złoto kucharzy!

Tak przygotowany sos demi-glace można zapasteryzować i przechowywać w słoiczkach, można też zamrozić go porcjami, np. w foremce na kostki lodu.

STEK
Z **POLĘDWICY**
WOŁOWEJ

———

sos wołowy
z zielonym pieprzem

SKŁADNIKI

Stek z polędwicy wołowej

1 polędwica wołowa (około 1 kg) podzielona na 4 równe części

oliwa do smarowania mięsa

4 gałązki rozmarynu

4 gałązki tymianku

2 łyżki masła

4 obrane ząbki czosnku

Sos wołowy z zielonym pieprzem

1 szalotka obrana i pokrojona w drobną kostkę

2 łyżki zielonego marynowanego pieprzu

50 ml czerwonego wytrawnego wina

150 ml sosu demi-glace (patrz przepis)

1 łyżka miodu gryczanego

1 łyżka zimnego masła

sól i pieprz do smaku

oliwa do smażenia

PRZYGOTOWANIE

Kawałki polędwicy o grubości ok. 3 cm wyjmujemy z lodówki i zostawiamy w temperaturze pokojowej przez mniej więcej 5 godzin. Po tym czasie delikatnie smarujemy mięso oliwą i wkładamy na porządnie rozgrzaną patelnię – najlepsza będzie żeliwna z grubym dnem. Staramy się nie ruszać mięsa przez 2 minuty. Następnie obracamy steki na drugą stronę i smażymy kolejne 2 minuty. Podczas odwracania nie wbijamy w mięso widelców czy noży, nie naciskamy go – słowem: traktujemy mięso jak jajko!

Gdy mięso jest zamknięte (obsmażone z góry i dołu), zmniejszamy ogień i wrzucamy na patelnię rozmaryn i tymianek, dodajemy też masło i czosnek. Patelnię ze stekami delikatnie przechylamy pod kątem 30 stopni i polewamy steki rozgrzanym masłem (każdy stek po minucie z jednej i drugiej strony). Usmażone steki koniecznie muszą odpocząć, czyli się rozluźnić. W tym celu umieszczamy kratkę z piekarnika na głębokiej blasze i kładziemy na niej steki; czekamy 3 minuty.

Robimy sos. Na patelni rozgrzewamy 1-2 łyżki oliwy, wrzucamy pokrojoną szalotkę, dodajemy zielony pieprz. Smażymy przez chwilę, deglasujemy czerwonym winem. Gdy większość wina odparuje, dodajemy demi-glace i miód, gotujemy kilka minut. Zdejmujemy z ognia, przyprawiamy do smaku, dodajemy zimne masło, cały czas delikatnie mieszając. Dzięki temu sos nabierze konsystencji delikatnej emulsji. Polecam podanie sosu i mięsa osobno, a solenie i pieprzenie steków w ogóle odradzam. Warto poczuć głębię smaku samego mięsa...

MÓJ PIERWSZY STEK

Pamiętam chwilę, kiedy po raz pierwszy miałem się zmierzyć z tym wyjątkowym daniem, które po raz pierwszy przygotowywałem dla księdza Kaczkowskiego. Moja wiedza w tamtym czasie była na poziomie, delikatnie mówiąc, minimalnym, wszelkie konieczne informacje zbierałem, gdzie popadnie. Bardzo mi zależało, aby stek wyszedł idealnie, był soczysty, aromatyczny, delikatny, z wierzchu chrupiący. Zadanie było tym trudniejsze, że w jednoosobowej komisji oceniającej moją pracę zasiadał wybitny smakosz wołowiny. A ja nie do końca wiedziałem nawet, jaki kawałek mięsa najlepiej nadaje się na steki! W miejscowości, gdzie mieszkałem, trudno było dostać wołowinę dobrej jakości – trzeba się było zapisywać w sklepie. Korzystając z rad pani ze sklepu mięsnego, zamówiłem ligawę, nie mam pojęcia, jakiej rasy była krowa. Kawałek wyglądał pięknie, był apetycznie różowy, soczysty, pachniał mlekiem. Wszystko wyglądało obiecująco. Pokroiłem mięso na kawałki o grubości około 2 cm każdy, doprawiłem – i hop, na patelnię! Po 2 minuty z każdej strony. Usmażone steki zostawiłem na talerzu, aby odpoczęły. Wydawały mi się jednak surowe, więc znowu przełożyłem je na patelnię. Gdy nadszedł czas degustacji, stałem jak sparaliżowany. Gdy smakosz ugryzł pierwszy kęs, zauważyłem, że żucie przychodzi mu z pewną trudnością... Końcowy werdykt: siedem w dziesięciostopniowej skali. Dziś wiem, że tę siódemkę dostałem przede wszystkim za dobre chęci, organizację pracy i ambicję.

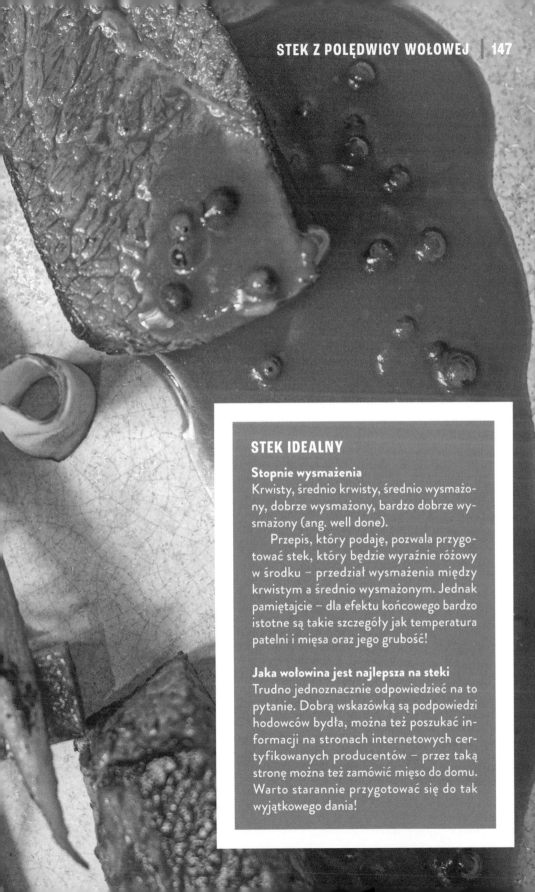

STEK IDEALNY

Stopnie wysmażenia

Krwisty, średnio krwisty, średnio wysmażony, dobrze wysmażony, bardzo dobrze wysmażony (ang. well done).

Przepis, który podaję, pozwala przygotować stek, który będzie wyraźnie różowy w środku – przedział wysmażenia między krwistym a średnio wysmażonym. Jednak pamiętajcie – dla efektu końcowego bardzo istotne są takie szczegóły jak temperatura patelni i mięsa oraz jego grubość!

Jaka wołowina jest najlepsza na steki

Trudno jednoznacznie odpowiedzieć na to pytanie. Dobrą wskazówką są podpowiedzi hodowców bydła, można też poszukać informacji na stronach internetowych certyfikowanych producentów – przez taką stronę można też zamówić mięso do domu. Warto starannie przygotować się do tak wyjątkowego dania!

FILET Z WĘGORZA
DUSZONY
W BOROWIKACH

—

szparagi / mus z selera

SKŁADNIKI

Filet z węgorza duszony w borowikach
1 węgorz (około 1 kg)
oliwa do smażenia
sól i pieprz do smaku
2 gałązki tymianku
100 ml białego wytrawnego wina
1 szalotka pokrojona w kostkę
200 g borowików
1/2 szklanki śmietanki 30 lub 36 proc.
1 ząbek czosnku obrany i pokrojony
w plasterki
1 łyżka zimnego masła

Szparagi
16 zielonych szparagów umytych
i obranych do połowy (od dolnej części)
oliwa do smażenia
100 ml białego wytrawnego wina
2 ząbki czosnku obrane i pokrojone
w cienkie plasterki
1 łyżka posiekanego kopru z kwiatami
1/2 łyżki miodu
2 łyżki masła
sól i pieprz do smaku

Mus z selera
1 duży seler obrany i pokrojony
w kostkę
2 ziemniaki obrane i pokrojone
w kostkę
1 cebula obrana i pokrojona w kostkę
2 ząbki czosnku obrane
1/4 szklanki śmietanki 30 lub 36 proc.
1 łyżka zimnego masła
sól, mielony biały pieprz, gałka
muszkatołowa
1-2 łyżki oliwy

PRZYGOTOWANIE

Węgorz, przez jednych znienawidzony, przez innych wychwalany – ja stanowczo jestem w tej drugiej grupie! Smażony, duszony czy wędzony – w każdej formie jest wyjątkowy, wprost zachwycający!

W tym przepisie kluczowe jest filetowanie węgorza. Robimy to tak samo, jak w przypadku śledzia (patrz przepis), wyjątek jest jeden – węgorza trzeba obciągnąć ze skóry, która jest twarda i gumowata. Zaczynamy od tyłu, delikatnie nacinając przy górnej i dolnej płetwie, po czym chwytamy przez ręcznik papierowy i energicznie ciągniemy. Resztę już znacie – ostry nóż i cięcie od głowy do ogona! Lewy i prawy płat dzielimy na dwie większe lub cztery mniejsze części. Oczywiście skóry i szkieletu nie wyrzucamy, elementy będą potrzebne na wywar do sosu.

Przygotowanie ryby pójdzie szybko, więc najpierw robimy mus z selera. Do garnka z rozgrzaną oliwą wrzucamy wszystkie składniki z wyjątkiem śmietany i masła, które pójdą na końcu. Zalewamy taką ilością wody, aby zakryła warzywa, gotujemy do miękkości, w razie potrzeby dolewamy trochę wody. Gdy warzywa są rozgotowane, dodajemy śmietankę, gotujemy jeszcze przez chwilę, blendujemy, przyprawiamy do smaku i dodajemy zimne masło.

Teraz rozgrzewamy na patelni 1-2 łyżki oliwy, wrzucamy porządnie posolone filety z węgorza i smażymy – tylko od strony zdjętej skóry. Odkładamy na bok.

Na patelnię po smażeniu filetów wrzucamy części ryby, które pozostały po filetowaniu. Dodajemy gałązki tymianku, porządnie podsmażamy, zalewamy ostrożnie winem, a gdy połowa odparuje, dodajemy 500 ml wody i redukujemy pięciokrotnie. Zredukowany wywar przecedzamy przez drobne sito lub gazę i odkładamy na bok.

Teraz rozgrzewamy na dwóch patelniach po 1-2 łyżki oliwy. Na jedną patelnię wrzucamy szparagi, smażymy je przez chwilę, wlewamy wino, redukujemy o połowę i dolewamy pół szklanki wody. Gdy praktycznie cała woda odparuje, dorzucamy resztę składników i trzymamy na ogniu jeszcze przez kilkanaście sekund. Szparagi powinny być „na ząb”!

Na drugą patelnię wrzucamy szalotkę oraz borowiki (jeśli są duże, kroimy je na mniejsze części), podsmażamy na piękny rudy kolor, następnie zalewamy wywarem z węgorza i gotujemy chwilę. Dolewamy śmietankę, dodajemy czosnek i gotujemy, aż sos zacznie gęstnieć. Wówczas wkładamy do niego usmażone filety z węgorza i dusimy około 2 minut, nie dłużej, bo stwardnieją! Na talerze wykładamy porcje musu z selera, chrupiące szparagi, a na koniec węgorza w sosie.

RISOTTO
Z **KREWETKAMI**

SKŁADNIK

20 krewetek
w pancerzykach
oliwa do smażenia
1 łodyga trawy cytrynowej
800 ml wywaru drobiowego
(patrz przepis s. 11)
2 szalotki obrane
i pokrojone w drobną kostkę
4 duże garści ryżu
arborio (300 g)
300 ml białego
wytrawnego wina
1/2 szklanki śmietanki
30 lub 36 proc.
1 garść startego parmezanu
1 łodyga selera naciowego
pokrojona w drobne paski
2 papryczki chili pokrojone
w krążki
2 ząbki czosnku obrane
i pokrojone w plasterki
12 pomidorków cherry
przekrojonych na pół
listki z 2 gałązek świeżego
tymianku
2 łyżki suszonych
pomidorów pokrojonych
w kostkę
3 łyżki zimnego masła
sok i skórka otarta
z 1 sparzonej limonki
1 łyżka posiekanej natki
pietruszki
sól, pieprz, szafran
kilka listków świeżej
kolendry

PRZYGOTOWANIE

Risotto, czyli „ryż-osiem". Tak naprawdę przepis na doskonałe risotto znajduje się w jego nazwie!

Pracę zaczniemy od skorupiaków. Krewetki obieramy z pancerzyków i odkładamy na bok. Na patelni rozgrzewamy 1-2 łyżki oliwy, wrzucamy pancerze krewetek i trawę cytrynową, podsmażamy, zalewamy wywarem drobiowym. Gotujemy około 30 minut, by wyciągnąć trochę smaku z pancerzy. Przecedzamy do rondelka.

Czas na risotto! W garnku podsmażamy na 1-2 łyżkach oliwy szalotkę, następnie wsypujemy ryż i smażymy, aż wchłonie całą oliwę. Teraz wlewamy wino, a gdy odparuje do połowy, zaczynamy dolewać wywar.

„Otto" z nazwy „risotto" znaczy „osiem". Nasz wywar musimy zatem podzielić na 8 równych porcji. Zaczynamy! Dolewamy do ryżu jedną część wywaru, mieszamy, aby ryż się nie przypalił. Gdy zauważymy, że ryż wchłonął wywar, dolewamy następną porcję. Proces ten powtarzamy, aż zostanie nam już tylko porcja wywaru. Wraz z dolaniem tej ostatniej porcji dodajemy śmietankę i parmezan.

Na drugim palniku rozgrzewamy na patelni 1-2 łyżki oliwy. Wrzucamy krewetki, seler naciowy, papryczkę chili, czosnek, pomidorki, tymianek i suszone pomidory. Podsmażamy przez chwilę, doprawiamy solą, dodajemy do ryżu, energicznie mieszając – niezbyt długo, wystarczy kilka minut, bo krewetki muszą być subtelne!

Risotto zdejmujemy z ognia, dodajemy zimne masło, limonkę, natkę pietruszki, kolendrę i doprawiamy.

BULION
Z **RYB**

—

owoce morza

SKŁADNIKI

Bulion z ryb

1 kg ryb i elementów rybnych (np. 1 szkielet łososia, 1 pokrojona flądra, 1 szkielet dorsza wraz z głową; oczywiście można dodać inne ryby)
oliwa do smarowania warzyw
2 marchewki obrane, w całości
1 pietruszka obrana, w całości
1/2 selera obranego
1 łodyga selera naciowego
1 plaster bulwy kopru włoskiego (około 1 cm)
1 zielona papryka w całości, opalona nad palnikiem
2 cebule przekrojone na pół i opalone w łupinach nad palnikiem
2 łodygi trawy cytrynowej
5 liści limonki
2 ząbki czosnku
2 gwiazdki anyżu
zielony bukiet (natka pietruszki, zielona część pora, koperek)
200 ml wytrawnego białego wina
sól i pieprz do smaku

Owoce morza

8 krewetek w pancerzykach
8 małży (omułków)
oliwa do smażenia
1 szalotka obrana i pokrojona w piórka
1 ząbek czosnku obrany i pokrojony w cienkie plasterki
1 papryczka chili pokrojona w krążki
1 marchewka obrana i pokrojona w cienkie paski
1/2 łodygi selera naciowego pokrojonej w cienkie plasterki
1 kawałek (5 cm) białej rzodkwi pokrojony w cienkie paski
1 łyżeczka świeżo startego imbiru
100 ml białego wytrawnego wina
1 łyżka masła
kilka listków kolendry

PRZYGOTOWANIE

Ten przepis podzieliłem na dwa rozdziały: zupa oddzielnie, owoce morza oddzielnie. Oczywiście można zrobić danie jednogarnkowe, ale uważam, że owoce morza najlepiej smakują prosto z patelni.

Przygotowanie esencjonalnego bulionu zajmie nam około 3 godzin. Rozgrzewamy piekarnik do 220 stopni. Na blachę pokrytą papierem do pieczenia wykładamy składniki, które wcześniej delikatnie posmarowaliśmy oliwą: ryby, marchew, pietruszkę, seler i seler naciowy, koper włoski, zieloną paprykę i cebulę. Pieczemy, aż się porządnie przyrumienią. Wtedy przekładamy je do garnka, wlewamy 2 l zimnej wody, dodajemy pozostałe składniki bulionu, na koniec wlewamy wino. Gotujemy około 3 godzin na małym ogniu (jeśli trzeba, uzupełniamy wodę, która odparowała). Gotowy bulion cedzimy przez drobne sito lub gazę, doprawiamy solą i pieprzem do smaku.

Czas na serce naszego dania! Dokładnie osuszamy owoce morza. Na patelni rozgrzewamy 1-2 łyżki oliwy, wrzucamy krewetki i małże, po kilku sekundach dodajemy pokrojone warzywa i starty imbir, smażymy kilka minut na mocnym ogniu. Deglasujemy białym winem, a gdy się całkowicie zredukuje, dodajemy masło. Doprawiamy do smaku solą i pieprzem. Przygotowane składniki przekładamy na głębokie talerze, zalewamy gorącym bulionem, na koniec dorzucamy świeżą kolendrę.

ZUPA CEBULOWA
ZAPIECZONA
POD **CIASTEM**
FRANCUSKIM

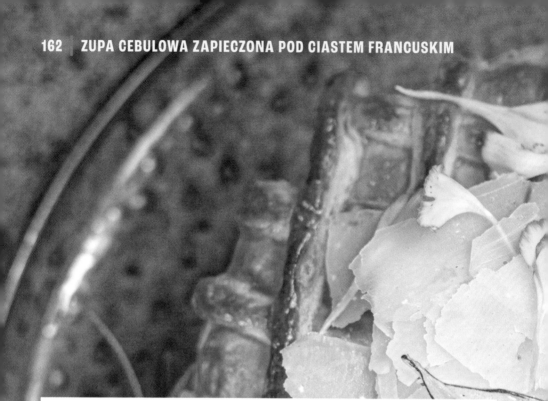

PRZYGOTOWANIE

W tym przepisie musimy się wykazać anielską cierpliwością – i nie mam na myśli gotowania wywaru, tylko duszenie cebuli.

W rondlu lub na patelni rozgrzewamy 1-2 łyżki oliwy, wrzucamy pokrojoną cebulę, smażymy, aż się skarmelizuje, czyli nabierze pięknego rudego koloru. Wówczas zalewamy ją białym winem. Gdy wino odparuje, dodajemy masło, tymianek i goździki, dusimy około godziny (cebula musi wyglądać jak bursztynowe piórka).

W garnku rozgrzewamy 1-2 łyżki oliwy, kolejno wrzucamy pokrojone warzywa, zalewamy drobiowym wywarem. Gdy warzywa będą „na ząb", dodajemy do garnka podsmażoną cebulę oraz czosnek, gotujemy razem przez kilka chwil, przyprawiamy do smaku, dodając także syrop klonowy. Gotową zupę studzimy – musi być zimna, inaczej ciasto francuskie nie przykryje miseczek, tylko wpadnie do zupy.

Ustawiamy piekarnik na 180 stopni. Zimną zupą napełniamy żaroodporne miseczki o pojemności ok. 200 ml do 3/4 ich wysokości. Z ciasta francuskiego wycinamy prostokąty (takiej wielkości, aby bez problemu zakryły miseczki). Brzegi naczyń smarujemy mieszaniną jajka, żółtka i mąki, oklejamy ciastem francuskim; wierzch ciasta także smarujemy mieszaniną jajeczną.

Miseczki ostrożnie wkładamy do pieca, ustawiając je na środkowej półce. Pieczemy około 25 minut, tak aby ciasto się pięknie zrumieniło i wyrosło. Podajemy prosto z pieca!

SKŁADNIKI

8 cebul obranych
i pokrojonych w piórka
oliwa do smażenia
200 ml białego
wytrawnego wina
2 łyżki masła
posiekane listki z 8 gałązek
tymianku
4 goździki
2 marchewki obrane
i pokrojone w cienkie paski
4 ziemniaki obrane
i pokrojone w cienkie paski
2 pietruszki obrane
i pokrojone w cienkie paski
1/4 selera obranego
i pokrojonego w cienkie
paski
2 l wywaru drobiowego
(patrz przepis na s. 11)
2 ząbki czosnku obrane
i pokrojone
sól, pieprz, mielony
cynamon i kardamon
do smaku
1 łyżka syropu klonowego
1 rolka ciasta francuskiego
(jeśli mamy miseczki
o większej średnicy, mogą
być potrzebne 2 rolki)

Do smarowania ciasta
1 jajko
1 żółtko
1 łyżeczka mąki pszennej

CEVICHE
Z **TUŃCZYKA**

---

grzanki

SKŁADNIKI

Ceviche z tuńczyka

300 g świeżego tuńczyka pokrojonego
w cienkie paski (można zastąpić
świeżym łososiem)
1/4 melona kantalupa obranego
i pokrojonego w kostkę
1/2 sałaty rzymskiej
1 świeży ogórek nieobrany, bez gniazda
nasiennego, pokrojony w cienkie paski
4 rzodkiewki pokrojone
w cienkie plasterki
1 szalotka obrana i pokrojona
w cienkie piórka
1 łyżka białego sezamu uprażonego
1 garść orzechów nerkowca
posiekanych i uprażonych

Marynata do ryby

1 ząbek czosnku obrany
i drobno posiekany
1 łyżka marynowanej gorczycy
lub musztardy francuskiej
8 posiekanych listków mięty
2 łyżki pokrojonego szczypioru
1 papryczka chili pokrojona
w cienkie krążki
1 łyżka posiekanego koperku
1 łyżka miodu spadziowego
1 łyżeczka posiekanych listków lubczyku
sok i skórka otarta
z 2 sparzonych limonek
2 łyżki oliwy extra virgin
sól i świeżo zmielony pieprz

Grzanki

1 bułka paryska
1 łyżka masła

PRZYGOTOWANIE

Rozgrzewamy piekarnik do 220 stopni. Mieszamy składniki marynaty, delikatnie obtaczamy w niej tuńczyka; odkładamy na bok na mniej więcej 15 minut (maksymalnie pół godziny) i zabieramy się do grzanek.

Bułkę paryską kroimy na kromki, smarujemy masłem i zapiekamy na piękny rudy kolor. Gdy tuńczyk nabierze aromatu i wyraźnego smaku, dodajemy wszystkie przygotowane dodatki, delikatnie mieszamy. Ceviche wykładamy na chrupiące grzanki, solimy i pieprzymy.

GOTOWANIE NA ZIMNO

Orzeźwiająca przystawka, jaką jest ceviche, kapitalnie sprawdza się w upalne dni – jest słodka, ostra, kwaśna i słona zarazem. Można ją zrobić z ryb lub owoców morza, koniecznym składnikiem jest sok z kwaśnych owoców. Podczas przygotowywania występuje zjawisko, które można opisać jako gotowanie na zimno. Kwaśny sok, np. cytrynowy, ścina białko ryby tak samo, jak dzieje się to podczas smażenia czy gotowania. Ten sok również przyśpiesza marynowanie, a także powoduje, że smaki dodatków głęboko penetrują mięso. W zależności od upodobań można zostawić rybę w marynacie na krócej lub dłużej.

TATAR
WOŁOWY

TATAR IDEALNY

• Wybierając kawałek mięsa wołowego na tatar, musimy mieć stuprocentową pewność, że nadaje się do zjedzenia na surowo. Innymi słowy: wołowina musi być z pewnego źródła.

• Najczęściej do przygotowania tatara używa się najbardziej delikatnego mięśnia, czyli polędwicy, ale można także użyć, tak jak w naszym przepisie, doskonałej jakości rostbefu.

• Siekać czy kroić? Ta kwestia wywołuje wiele dyskusji. Bardzo drobno posiekany tatar najlepiej wychodzi z kawałka mięsa o większych przerostach tłuszczu, dzięki którym jest wyjątkowo soczysty. Z kolei krojony nieco grubiej wymaga kawałka z mniejszymi przerostami tłuszczu – tu najlepiej sprawdzi się polędwica.

SKŁADNIKI

400 g rostbefu wołowego
2 żółtka
2 łyżki oliwy extra virgin
2 szalotki obrane i pokrojone
w kostkę
1 łyżka kaparów posiekanych
2 łyżki zielonych oliwek bez pestek,
pokrojonych w drobną kostkę
1 łyżka marynowanej gorczycy
lub musztardy francuskiej
1 łyżka posiekanej natki pietruszki
2 posiekane liście czosnku
niedźwiedziego
1 łyżka suszonych pomidorów
pokrojonych w kostkę
1 łyżka miodu spadziowego
8 kropli sosu worcestershire
sól i pieprz do smaku

PRZYGOTOWANIE

Rostbef siekamy, aż stanie się jednolitą, spójną masą. Dodajemy żółtka i oliwę, intensywnie mieszamy,
aż całość się lekko zemulguje. Dodajemy kolejne składniki, mieszając
– tym razem delikatnie. Przyprawiamy. Oczywiście dodatki można podać
oddzielnie, wówczas przyrządzanie tatara odbędzie się już na stole – każdy
gość zrobi to sam.

CRÈME
BRÛLÉE

SKŁADNIKI

1 laska wanilii
500 ml śmietanki 30 lub 36 proc.
1 gwiazdka anyżu
1 kawałek kory cynamonu
1 łodyga trawy cytrynowej
rozbita tłuczkiem
4 ziarenka kardamonu
skórka otarta z 1 sparzonej pomarańczy
1 goździk
80 g brązowego cukru
szczypta soli
8 żółtek
ew. brązowy cukier do posypania deseru
oraz świeże maliny i jagody do dekoracji

PRZYGOTOWANIE

Ten subtelny, a zarazem przepyszny deser wymaga sporej precyzji i ostrożności. Przygotowanie najlepiej rozłożyć sobie na dwa dni – chyba że mamy niezapowiedzianych gości i mimo wszystko chcemy osiągnąć efekt wow!

Laskę wanilii rozcinamy wzdłuż i łyżeczką wybieramy nasionka ze środka. Do garnka wlewamy śmietankę, dodajemy ziarenka wanilii, anyż, cynamon, trawę cytrynową, kardamon, skórkę z pomarańczy, goździk, cukier i sól.

Garnek ustawiamy na bardzo małym ogniu – uwaga, śmietanka nie może się zagotować! – i podgrzewamy, często mieszając, ale starając się nadmiernie nie napowietrzyć płynu. Gdy na brzegach zaczną się pojawiać małe bąbelki świadczące o wysokiej temperaturze, szybko zdejmujemy śmietankę z ognia i pozostawiamy ją do następnego dnia (minimum na 3 godziny). Następnie cedzimy przez bardzo drobne sito lub gazę.

Żółtka ucieramy w dużym naczyniu bardzo powoli, aby ich zbytnio nie napowietrzyć – dobrze utarte powinny przypominać błyszczącą powierzchnię marmuru. Powoli wlewamy śmietanową mieszankę do utartych żółtek, stale delikatnie mieszając.

Rozgrzewany piekarnik do 140 stopni. Masę przelewamy do żaroodpornych naczynek (o pojemności ok. 100 ml każde), układamy je w głębokiej blasze i wlewamy tyle ciepłej wody, aby jej poziom był równy poziomowi kremu. Pieczemy 50 minut na środkowej półce piekarnika. Po 40 minutach możemy delikatnie uchylić drzwiczki i szturchnąć blachę. Jeśli krem będzie przypominał konsystencją gęsty budyń, wyłączamy piekarnik i wyjmujemy crème brûlée, po czym odstawiamy go w chłodne miejsce. Jeśli natomiast wciąż będzie płynny, zostawiamy go w piekarniku do końca wyznaczonego czasu. Ostudzony krem schładzamy w lodówce przez minimum 3 godziny.

Jeśli mamy palnik gastronomiczny, możemy posypać deser niewielką ilością brązowego cukru i skarmelizować powierzchnię. Do dekoracji świetnie będą pasowały świeże maliny i jagody posypane brązowym cukrem.

SERNIK

——

kandyzowana skórka
z cytrusów

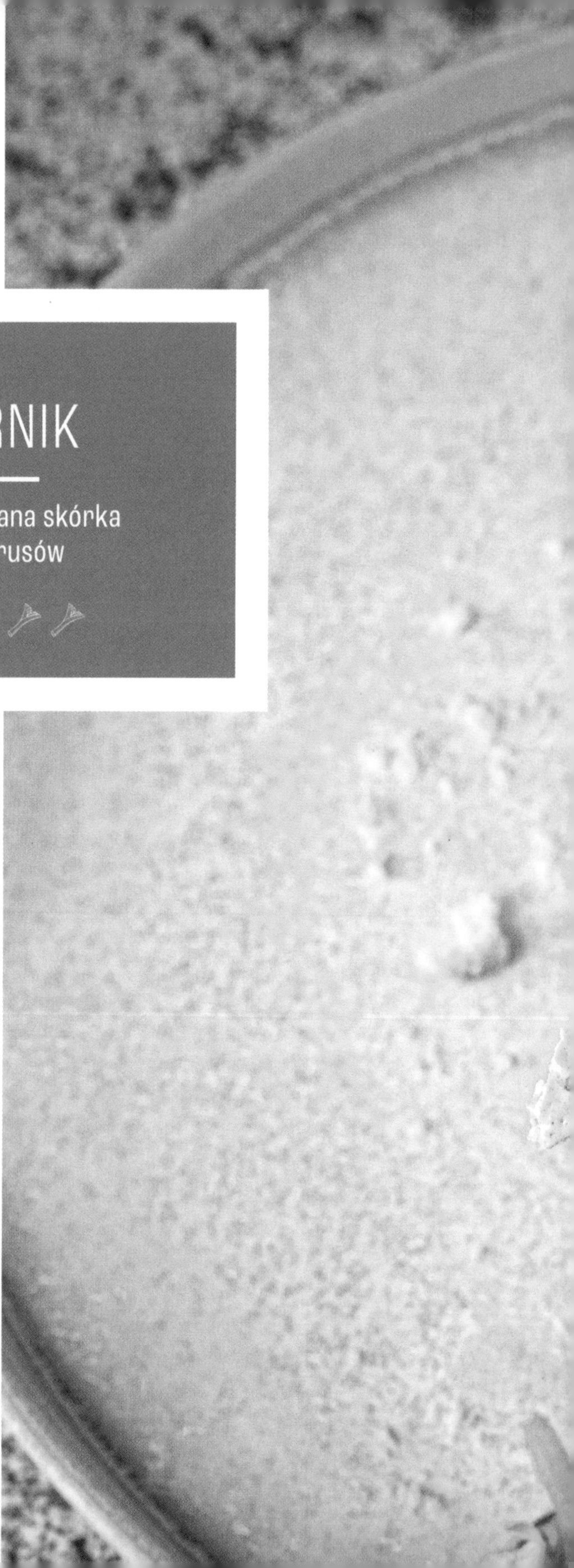

SKŁADNIKI

(na 1 okrągłą formę
o średnicy 26 cm)

Sernik
300 ml śmietanki
30 lub 36 proc.
1 laska wanilii
500 g tłustego twarogu
100 g koziego sera
250 g ricotty
8 żółtek
1 szklanka cukru (240 g)
1/2 kostki masła (100 g)
sok i skórka otarta
z 1 sparzonej pomarańczy
sok i skórka otarta
z 1 sparzonej cytryny
1 łyżeczka soli
2 łyżki skrobi
kukurydzianej
70 ml koniaku
6 białek

Kandyzowana skórka
z cytrusów
sok i skórka (pokrojona
w kosteczkę)
z 2 sparzonych
pomarańczy
sok i skórka (pokrojona
w kosteczkę)
z 1 sparzonej cytryny
2 łyżki cukru

PRZYGOTOWANIE

Zaczynamy od przygotowania aromatyzowanej śmietany. Laskę wanilii rozcinamy wzdłuż i łyżeczką wyskrobujemy nasionka. Do garnka wlewamy śmietankę, dodajemy do niej ziarenka i puste połówki laski wanilii. Podgrzewamy na małym ogniu, uważając, aby nie zagotować śmietanki. Gdy jest już bardzo gorąca, zdejmujemy ją z ognia, studzimy.

Ustawiamy temperaturę piekarnika na 170 stopni. Twaróg, kozi ser oraz ricottę przepuszczamy dwukrotnie przez maszynkę z nałożonym sitkiem o bardzo małych oczkach. Sery powinny się połączyć w jednolitą masę.

Żółtka ucieramy z cukrem na kogel-mogel, a następnie porcjami dodajemy miękkie masło, cały czas ucierając. Tę masę dokładamy małymi porcjami do masy serowej, tak aby wszystko ładnie się połączyło. Następnie dodajemy, stale mieszając, sok i skórkę z cytryny oraz pomarańczy, sól, skrobię kukurydzianą i koniak; mieszamy aż do uzyskania jednolitej masy. Na koniec dodajemy ubite na sztywno białka i bardzo delikatnie łączymy.

Spód i boki formy dokładnie wyścielamy papierem do pieczenia. Napełniamy masą serową, formę stawiamy w piekarniku na drugiej półce od dołu i pieczemy 60 minut.

Robimy kandyzowaną skórkę pomarańczowo--cytrynową. Skórki owoców przekładamy do garnka i zalewamy taką ilością wody, aby swobodnie pływały. Gotujemy 10 minut, licząc od momentu zagotowania się wody. Następnie cedzimy przez sitko. Tę czynność powtarzamy dwukrotnie. Za trzecim razem umieszczamy w garnku wygotowane skórki, dolewamy sok z owoców, dodajemy cukier oraz 200 ml wody. Gotujemy, aż cały płyn wyparuje. Upieczony i ostudzony sernik schładzamy przez minimum 3 godziny w lodówce. Podajemy z kandyzowaną skórką z cytrusów, można też ozdobić wierzch świeżymi owocami.

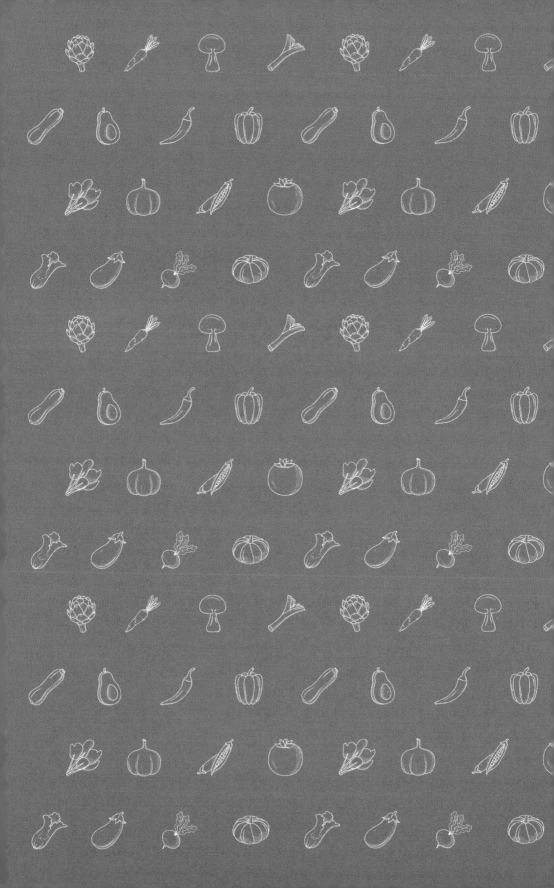

ROZDZIAŁ 5

RODZINA. ŻANETA, WIKI, JAŚ, PATRYK JUNIOR. I JA

—

Wielu ludzi się zastanawia, jak szefowie kuchni
jedzą w domu. Nie wiem jak inni, my w każdym
razie jemy normalnie – choć ta normalność jest
zarazem wyjątkowa, bo gotujemy z miłością,
a każde danie staramy się robić wspólnie.
Moja żona Żaneta jest wspaniałą kucharką,
a w kuchenne prace włączają się wszystkie
dzieci: nie tylko najstarsza Wiki, ale też
sześciolatek Jaś, a nawet mały Patryk,
który ma dopiero trzy latka. W naszej domowej
kuchni skupia się życie całej rodziny – dla mnie
to miejsce, w którym najlepiej wypoczywam.
Przepisy w tym rozdziale – najkrótszym,
ale bardzo dla mnie ważnym – dedykuję
moim ukochanym żonie i dzieciom.
To ich ulubione dania.

TATAR
Z **ŁOSOSIA**

———

dla Żanety

SKŁADNIKI

400 g fileta z łososia oczyszczonego
z ości, bez skóry, pokrojonego w małą
kostkę
sok i skórka otarta z 1 sparzonej limonki
2 łyżki musztardy francuskiej
1 łyżka miodu gryczanego
2 łyżki suszonych pomidorów
pokrojonych w drobną kostkę
1 łyżka posiekanego koperku
1 łyżka oliwy
2 łyżki posiekanego szczypiorku
1/2 łyżki posiekanych kaparów
sól i pieprz do smaku

PRZYGOTOWANIE

Łososia przekładamy do miski, dodajemy
sok i skórkę z limonki. Odstawiamy na co
najmniej 15 minut, a potem dodajemy
resztę składników i delikatnie mieszamy.
Doprawiamy do smaku solą i pieprzem.

MAKARON
W **SOSIE**
POMIDOROWYM

—

dla Jasia

SKŁADNIKI

Makaron
1 szklanka (200 g)
mąki pszennej
1 jajko roztrzepane
3 żółtka roztrzepane
1/2 łyżeczki soli
2 łyżki oliwy

Sos pomidorowy
oliwa do smażenia
1 cebula obrana
i pokrojona w kostkę
1/2 marchewki
obranej i pokrojonej
w drobną kostkę
1/2 pietruszki
obranej i pokrojonej
w drobną kostkę
1/4 zielonej cukinii
pokrojonej w drobną
kostkę
1 puszka pomidorów
san marzano
w zalewie (400 g)
2 ząbki czosnku
obrane i posiekane
4 pokrojone listki
świeżej bazylii
sól, pieprz
50 g startego sera
grana padano

PRZYGOTOWANIE

Robimy makaron. Na stolnicę przesiewamy mąkę, wlewamy jajko i żółtka, solimy i zagniatamy. Gdy składniki się połączą, dodajemy oliwę, a potem wyrabiamy ciasto przez mniej więcej 20 minut. Przykrywamy ściereczką i odstawiamy na pół godziny.

W czasie, kiedy makaron odpoczywa, robimy sos. Na głębokiej patelni rozgrzewamy 2 łyżki oliwy, wrzucamy cebulę, marchewkę, pietruszkę i cukinię, podsmażamy na rudy kolor. Uwaga: nie solimy warzyw! Dodajemy pomidory razem z zalewą oraz czosnek, gotujemy na małym ogniu około 20 minut. Na koniec dodajemy bazylię i przyprawiamy do smaku.

Makaronowe ciasto dzielimy na 4 części i rozwałkowujemy każdą z nich na cienki placek (ok. 1 mm grubości). Jeśli ciasto zbytnio się klei, podsypujemy je mąką. Placki równiutko zwijamy w naleśniki i kroimy w plasterki – tak grubo, jak szeroki chcemy mieć makaron. (Jaś pokroił na wstążki o szerokości 2-3 mm). Gotowy makaron wrzucamy do wrzącej osolonej wody, gotujemy 3 minuty, odcedzamy. Wrzucamy na patelnię z sosem, mieszamy. Przekładamy na talerze i posypujemy startym serem.

PIECZONY **FILET** Z ŁOSOSIA

mus marchewkowo-dyniowy /
warzywa na krótko
– dla Patryka Juniora

SKŁADNIKI

600 g filetu z łososia oczyszczonego z ości, bez skóry, podzielonego na 4 równe części
sól i pieprz do smaku
oliwa do posmarowania ryby

Mus marchewkowo-dyniowy
2 marchewki obrane i pokrojone w kostkę
1 ziemniak obrany i pokrojony w kostkę
1/2 cebuli obranej i posiekanej
fileciki (cząstki obrane z błonek) i otarta skórka z 1 sparzonej pomarańczy
1 ząbek czosnku obrany i posiekany
oliwa do smażenia
sól i pieprz do smaku

Warzywa na krótko
1 szalotka obrana i pokrojona w piórka
12 zielonych szparagów w całości
50 g groszku cukrowego
1 cukinia nieobrana i pokrojona w paski
1 ogórek zielony (wężowy) nieobrany i pokrojony w paski
100 ml białego wytrawnego wina
2 ząbki czosnku obrane i pokrojone w drobne paski
2 łyżki zimnego masła
1 łyżka posiekanej natki pietruszki
oliwa do smażenia
sól i pieprz do smaku

PRZYGOTOWANIE

Zaczynamy od zrobienia musu. W wysokim garnuszku rozgrzewamy 2 łyżki oliwy, podsmażamy marchewki, ziemniaka i cebulę. Gdy będą zrumienione, zalewamy taką ilością wody, aby je lekko przykryła. Gotujemy bez pokrywki, aż praktycznie cała woda wyparuje. Teraz dodajemy fileciki i skórkę z pomarańczy oraz czosnek; blendujemy, aż mus będzie jednolity, a jego konsystencja zacznie przypominać pastę. Doprawiamy do smaku solą i pieprzem.

Czas na łososia. Kawałki ryby solimy i pieprzymy, delikatnie smarujemy oliwą, wkładamy do piekarnika rozgrzanego do 200 stopni i pieczemy 10-14 minut (czas zależy od grubości ryby: cieńszym kawałkom wystarczy 10 minut, grubsze mogą potrzebować nawet około 14).

W czasie, gdy łosoś się piecze, przygotowujemy warzywa. Rozgrzewamy na patelni 2 łyżki oliwy, wrzucamy szalotkę, szparagi, groszek, cukinię i ogórek. Podsmażamy kilka minut, deglasujemy winem, czekamy, aż odparuje. Dorzucamy czosnek, zdejmujemy z ognia. Dodajemy zimne masło, natkę oraz sól i pieprz do smaku. Całe przygotowanie warzyw ma trwać najwyżej 8 minut – chodzi o to, aby pozostały chrupkie.

Łososia przekładamy na talerze, podajemy z musem marchewkowym i warzywami.

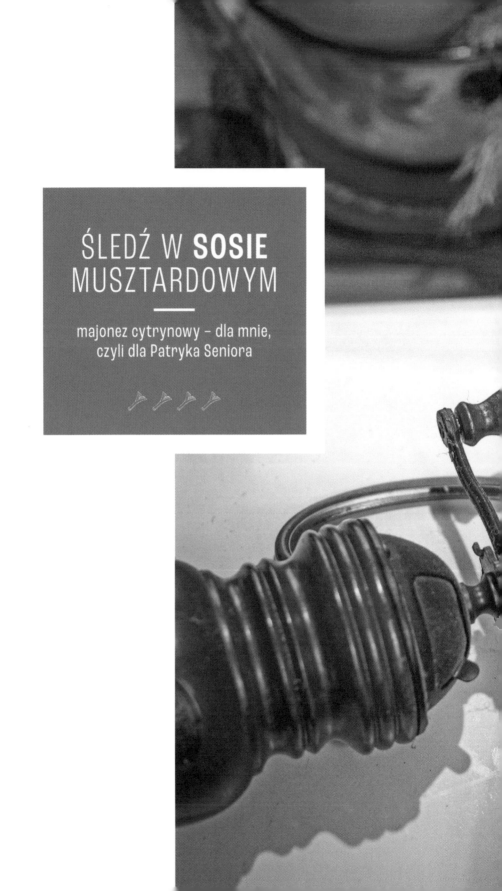

ŚLEDŹ W **SOSIE** MUSZTARDOWYM

---

majonez cytrynowy – dla mnie,
czyli dla Patryka Seniora

SKŁADNIKI

4 filety śledziowe
średnio solone
1 dojrzała brzoskwinia
obrana i pokrojona w kostkę
1 jabłko obrane, bez
gniazda nasiennego,
pokrojone w kostkę
1 cebula obrana i pokrojona
w drobną kostkę
oliwa do smażenia
3 łyżki miodu gryczanego
4 łyżki musztardy
sarepskiej
1 płaska łyżeczka kurkumy
4 łyżki śmietanki
30 lub 36 proc.
2 łyżki musztardy
francuskiej
2 łyżki domowego
majonezu cytrynowego
(patrz przepis)
pieprz do smaku

Majonez cytrynowy
1 żółtko w temperaturze
pokojowej
1/2 ząbka czosnku
obranego i drobno
posiekanego
1 łyżka octu
sok i skórka otarta
z 1/2 sparzonej cytryny
1 łyżeczka musztardy
sarepskiej
1 łyżka miodu lipowego
180 ml oleju roślinnego
sól i pieprz do smaku

PRZYGOTOWANIE

Filety śledziowe zalewamy 1 l zimnej wody i pozostawiamy na 3 godziny. Woda wyciągnie nadmiar soli.

Na patelni rozgrzewamy 1 łyżkę oliwy, smażymy brzoskwinię, jabłko, cebulę, zdejmujemy z ognia, studzimy.

Teraz robimy majonez. Do miseczki wkładamy żółtko, czosnek, wlewamy ocet i sok z cytryny, dodajemy skórkę cytrynową, musztardę i miód. Energicznie mieszamy rózgą, aż składniki się połączą. Nie przerywając mieszania, powoli, cienkim strumyczkiem wlewamy olej. Kiedy zużyjemy cały i powstanie emulsja, wlewamy do majonezu łyżeczkę wrzącej wody i przyprawiamy do smaku. Do tego przepisu zużyjemy 2 łyżki naszego majonezu, resztę należy przełożyć do słoiczka i wstawić do lodówki.

Kończymy sos musztardowy. Podsmażone i ostudzone owoce oraz cebulę przekładamy do blendera. Dodajemy pozostałe składniki oprócz musztardy francuskiej i majonezu cytrynowego. Blendujemy na gładką masę i teraz dodajemy musztardę oraz majonez – mieszamy delikatnie, już nie blendujemy, bo chcemy, aby ziarenka gorczycy z musztardy pozostały w całości. Przyprawiamy pieprzem.

Odmoczone śledzie wkładamy do miseczki, zalewamy sosem musztardowym. Wstawiamy do lodówki – niech postoją co najmniej 4 godziny. Uwaga: sosu nie trzeba solić, wystarczająco dużo soli jest jeszcze w śledziach.

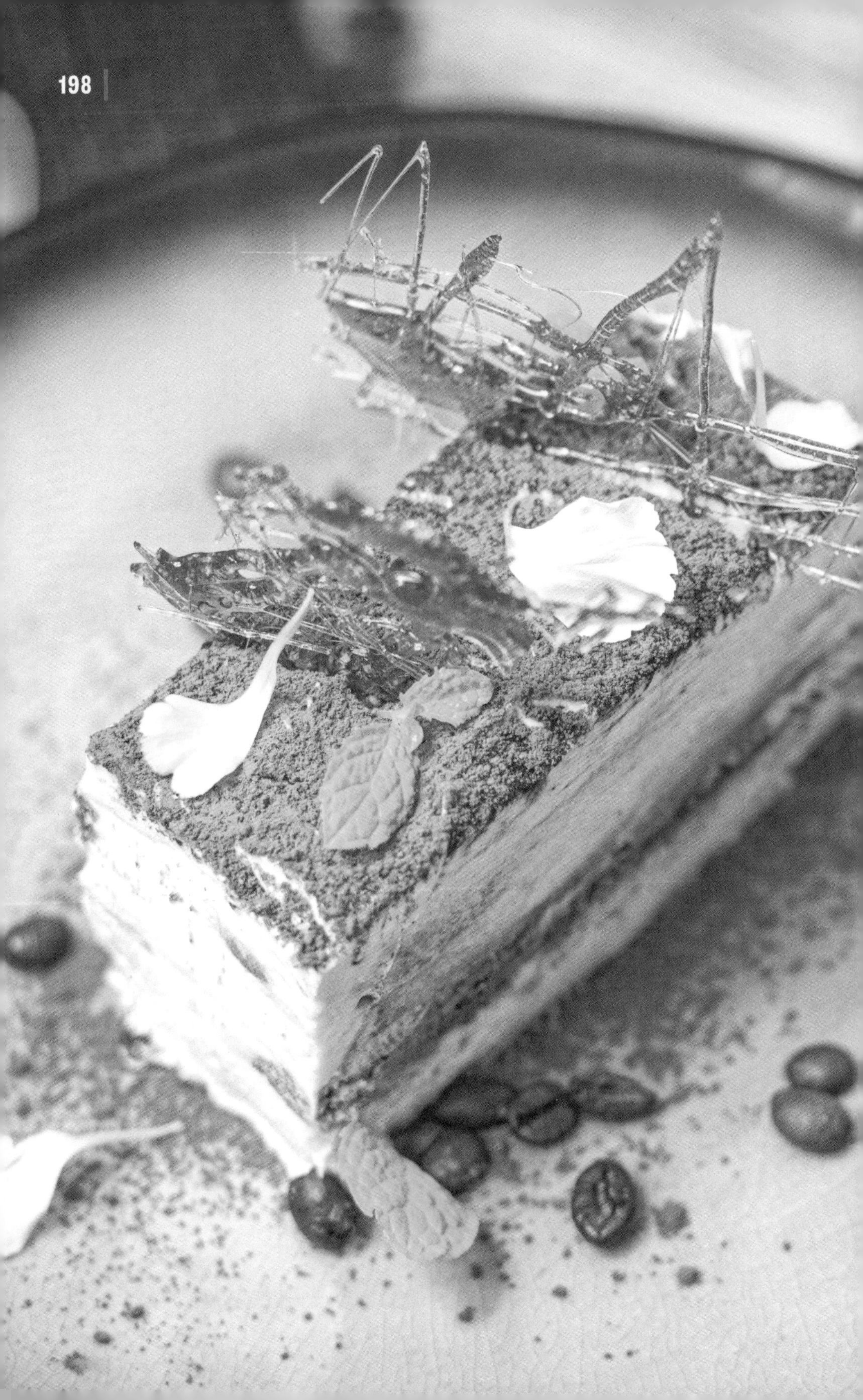

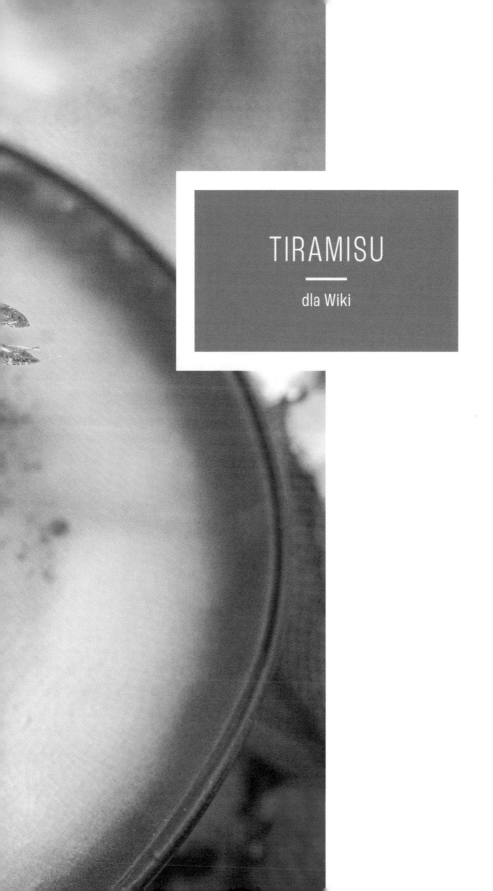

TIRAMISU

—

dla Wiki

SKŁADNIKI

(na 1 formę o wymiarach 20 × 20 cm)

Krem

500 g zimnego serka mascarpone
750 ml zimnej śmietanki 36 proc.
6 żółtek
150 g cukru

Biszkopty i kawa

80 g kawy zbożowej
4 łyżki kakao
4 łyżki miodu
36 biszkoptów (kocich języczków)
kakao do posypania deseru

PRZYGOTOWANIE

Zaparzamy kawę zbożową: wsypujemy ją do garnuszka, wlewamy 2 szklanki zimnej wody, zagotowujemy. Zdejmujemy z ognia, odstawiamy, aby ostygła; cedzimy. Dodajemy kakao oraz miód.

Przechodzimy do kremu. Wszystkie składniki wrzucamy do miski i ucieramy mikserem na półsztywno. Wstawiamy na 10 minut do lodówki.

W tym czasie moczymy biszkopciki w kawie – partiami, po 3 sekundy. Ciasteczka nie mogą rozmoknąć.

Składamy deser. Pierwszą warstwę stanowi 12 biszkopcików ułożonych równo obok siebie. Następnie nakładamy na nie 1/3 kremu, potem znowu kładziemy 12 biszkoptów, kolejną porcję kremu i pozostałe biszkopty. Ostatnią warstwę stanowi reszta kremu. Gotowy deser posypujemy przez sitko kakao i wstawiamy na co najmniej 3 godziny do lodówki.

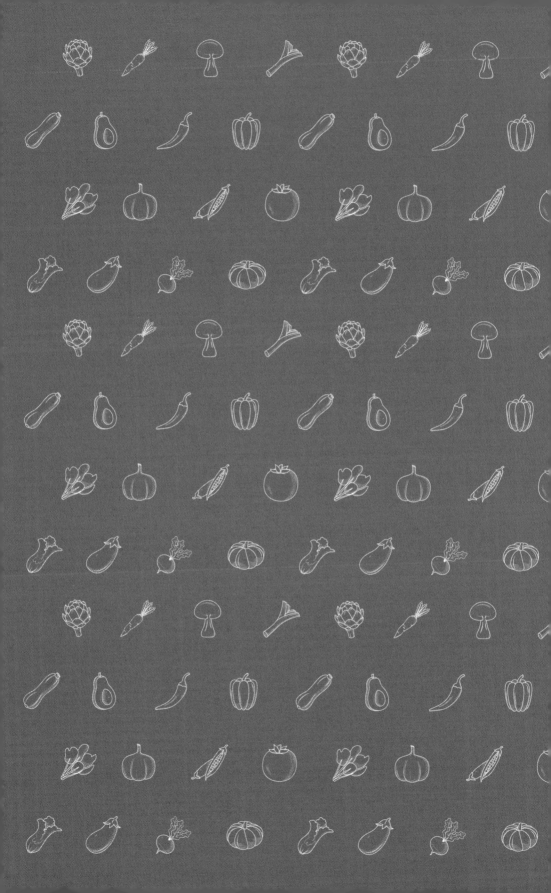

SPIS PRZEPISÓW
W ROZDZIAŁACH

ALFABETYCZNY
INDEKS PRZEPISÓW

———

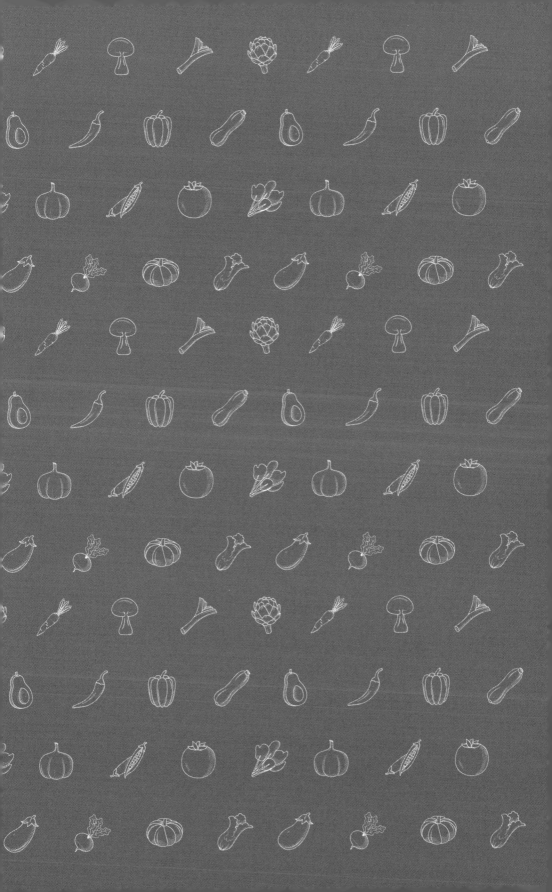

Redakcja: Inka Wrońska
Korekta: Diana Salmanowicz
Projekt graficzny okładki: Maciej Trzebiecki
Zdjęcie na okładce: Daniel Jaroszek
Przygotowanie zdjęć do druku: Mariusz Rosa
Opracowanie graficzne: Maciej Trzebiecki
Zdjęcia: Żaneta Galewska/fotogalewska
Redaktor prowadząca: Magdalena Kosińska

**Wydawnictwo
Agora**

ul. Czerska 8/10, 00-732 Warszawa

ISBN: 978-83-268-4020-3

Druk: Drukarnia Pozkal